소
재
일
기

감성 사진과 함께하는 꽃 소재 이야기
소재일기

1판 1쇄	2019년 2월 25일
1판 4쇄	2021년 5월 25일
지은이	김알바, 배철호
펴낸곳	수풀미디어
출판등록	2006년 8월 13일 제 382-2007-12호
주소	서울특별시 서초구 강남대로 27길 91-06
전화	02-743-0258
팩스	02-6008-6025
도서내용문의	korcool3@naver.com (케이오알시오오엘3)
홈페이지	www.spbooks.co.kr
Publisher	배철호
기획·진행	수풀미디어
사진	윤동준, 배철호
장소협찬	코프디자인플로리스트스쿨
촬영지원	플로리스트 조성희
디자인	김하영
ISBN	978-89-94177-31-1 13600
값	33,000원

이 책의 어느 부분도 수풀미디어 발행인의 승인 문서 없이 일부 또는 전부를 사진 복사나 디스크 복사 및 기타 정보 재생 시스템을 비롯하여 현재 알려지거나 향후 발명될 어떤 전기적·기계적 또는 다른 수단을 통해 복사, 재생하거나 이용할 수 없습니다.

*이 도서의 국립중앙도서관 출판시도서목록(CIP)은 서지정보유통지원시스템 홈페이지(http://seoji.nl.go.kr)와 국가자료공동목록시스템(http://www.nl.go.kr/kolisnet)에서 이용하실 수 있습니다. CIP2018042444

Copyright © 2021 by SooPool Media Publishing Co.
All rights reserved. First edition Printed 2021. Printed in South Korea.

감성 사진과 함께하는 꽃 소재 이야기

소재일기

제 하루의 시작은 소재를 쉽게 살펴보고 구입해 가실 수 있도록 스테디셀러 소재부터 새롭게 입고된 소재들, 그리고 시즌 소재까지 소홀함 없이 준비하는 일입니다.

꽃을 처음 시작하시는 초보 플로리스트를 비롯하여 다양한 꽃 전문가들까지 많은 손님들을 접하다 보면, 의외로 소재 이름을 잘 몰라 질문하는 모습을 많이 접하게 됩니다. 소재 이름이 뭔지, 드라이가 되는지, 수명이 얼마나 되는지, 물 내림이 심한지, 생각하고 있는 디자인에 사용하기에 적당할지 등등 다양한 질문들을요.

그래서 언제부터인가 소셜네트워크서비스(SNS)로 간단한 소재 사진과 함께 소재 이야기를 올리기 시작했습니다. 조회 수가 늘면서 도움이 되셨다는 분들이 하나, 둘 찾아오시고 '생각보다 많이 참고하시는구나' 싶어 재미도 있고 힘도 되었답니다. 그러던 중 '소재를 구입하러 오시는 분들을 위해 소재 책을 만들면 많은 플로리스트분들에게 도움이 될 것 같다'는 수풀미디어 대표님의 연락을 받았고 저도 고객님들에게 도움이 되는 책을 만들어보고 싶어 이렇게 책이 출간 되었습니다.

SNS에 등록한 소재들을 따뜻한 감성 사진으로 재촬영을 하고, 시장에서 경험한 제 지식을 재미있게 정리하여, 독자들에게 멋진 감성 소재 사진과 함께 소재 이름, 학명, 다르게 불리는 이름, 영문명, 드라이 유/무, 기타 특징 등을 자연스럽게 익힐 수 있도록 하였습니다.

다만 본 도서에 수록된 소재명을 표기하는데 있어서 '식물학적인 이름이나 학술적인 내용을 우선하여 만들어졌어야 하지 않나?'라고 말씀하시는 분도 있을 수도 있지만, 저는 시장에서 유통되는 소재 이름을 중심으로 표현하였고 가능하다면 '표준명', '학명', '영명' 그리고 소재의 '원산지' 등을 함께 소개하는 것이 활용성 면에서 좋을 것 같다고 생각하여 유통명에 중심을 두어 우선 설명하였으니 이 점 이해하고 읽어 주시기를 바랍니다.

이렇게 책이 나올 때까지 집필에 살을 붙여준 제 아내 어반정글서울 대표님과 밤낮이 다른 저를 처음부터 끝까지 재촉 없이 믿고 기다려주시며 여러 가지 도움을 주신 도서출판 수풀미디어 대표님에게 감사드립니다.

마지막으로 꽃 시장에서 도매와 소매 사이에서 매일 한결같이 열정을 쏟고 계시는 많은 사장님들과 직원분들을 응원합니다.

김알바

아름다운 꽃들과 같이 사용되는 다양한 소재들은 플라워 디자인에 빼놓을 수 없는 중요한 부분을 차지하고 있으며, 수입 소재가 활발하게 수입되어 유통되는 요즘엔 소재의 인기는 점점 더 높아지고 있는 것 같습니다.

꽃 시장에 방문한 많은 구매자분들이 소재집에 들러 색다른 소재가 눈에 띄면 그냥 한 단 사가지고 오면서 즐거워하는 모습과 '이걸 어떻게 멋있게 사용해볼까?' 생각하며 새로운 아이디어를 만들어내고 그 결과물을 SNS에 올려 디자인을 알리는 분들이 많아지고 있는 것을 보면 소재가 주는 느낌은 특별한 것 같다는 생각을 하게 됩니다.

어느 날 시장에서 판매되는 다양한 소재들이 갖는 특징을 잘 촬영하여 예쁜 감성 사진으로 만들고 소재에 대한 다양한 이야기를 읽고 도움을 받을 수 있는 책이 있으면 좋겠다는 생각을 했습니다. 소재의 형태나 질감을 사진을 통해 살펴보고, 소재에 대한 특징과 관리법, 구입할 수 있는 시기 등을 살펴볼 수 있으면 어떨까 하는 생각을 하게 되었고, 그런 생각을 시작으로 이 책은 만들어졌습니다.

처음엔 1년 365일 꽃 시장에서 판매되는 소재들을 모두 책에 담아보려고 했지만, 소재의 종류가 생각했던 것보다 훨씬 더 많았습니다. 그래서 본도서 소재일기의 글을 써주셨던 김알바님이 '항상 찾는 소재', '시즌별 수입되는 특별한 소재', '누가 봐도 너무너무 예쁘고 멋진 소재' 들을 우선 선별해주셨고, 그 소재를 중심으로 촬영을 하여 이야기를 정리하였습니다.

지난 1년 동안 소재의 형태와 잘 어울려 예쁘게 촬영을 할 수 있는 장소를 찾아다니며 촬영을 했고, 수많은 촬영 결과물들 중에서 맘에 드는 사진을 찾고자 고민했으며, 책에 수록하기에는 적당하지 않은 많은 촬영 결과물들을 삭제하였습니다. 그렇게 책을 만들기 위해서 많은 분들의 도움과 노력의 결실로 이렇게 출간을 앞두게 되면 항상 또 다른 아쉬움이 생기는 것은 어쩔 수 없나봅니다. 하지만 이러한 마음은 항상 더욱 더 노력하는 자세로 더 좋은 책을 만들게 하는 저의 양분이 될 것입니다.

끝으로 꽃길을 걷고 계시는 모든 분들에게 이 책이 자그마한 행복과 아이디어를 드리는 책이 되었으면 좋겠습니다.

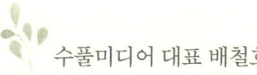

수풀미디어 대표 배철호

CONTENTS

STORY 01

01 왁스플라워
02 남천
03 수양버들
04 스프레이 브루니아
05 미모사 투르네르
06 미모사 플로리반다
07 피토스 테누이폴리움
08 국산 피토스포룸
09 뉴카덴드론
10 레이스플라워
11 천리향
12 오리나무
13 왕버들
14 재밥나무
15 아랄리아
16 아이반호
17 그레빌리아 로버스티
18 그레빌리아 후커리아나
19 그레빌리아 아스프넨폴리아
20 구름비
21 측백 • 편백
22 레몬트리
23 레드베리
24 은엽아카시아
25 정태수

STORY 02

26 몬스테라
27 팔손이
28 피어리스
29 신종 셀렘
30 조팝나무
31 설유화
32 잎설유
33 호엽란 • 줄호엽란
34 페니쿰
35 유칼립투스 다이브즈
36 씨드 유칼립투스
37 스키미아
38 알비플로라
39 올리브
40 코치아
41 유칼립투스 파블로
42 유칼립투스 도미니끼나
43 유칼립투스 구니
44 유칼립투스 블랙잭
45 유칼립투스 시네리아
46 유칼립투스 니콜
47 산동백
48 산수유
49 레몬잎
50 섬담쟁이

STORY 03

51 동백나무
52 육송
53 해송
54 신종 루스커스
55 엽란
56 낙엽송
57 크립토메리아
58 목련
59 능수버들
60 뽕나무
61 화살나무
62 석화버들
63 말채
64 서귀목
65 다래덩굴
66 스마일락스
67 제니스타
68 더글라스
69 개나리
70 줄헤드라
71 곱슬버들
72 홍가시
73 곡파
74 소리쟁이
75 쥐똥나무

STORY 04

76 미선나무
77 옥잠화
78 애정목
79 말발도리
80 등심초
81 오리새
82 떡갈나무
83 에뮤패드
84 진달래 • 철쭉
85 그린훅 • 레드훅
86 유사
87 산호수
88 갈대
89 아스파라거스
90 유채
91 황정
92 정금나무
93 청사철
94 병꽃나무
95 퍼플콤펙타
96 명자란
97 레나인센스
98 시스타펀
99 엄브렐라펀
100 코알라펀

STORY 05

101 산딸나무
102 목화
103 신지매
104 페이조아
105 산수국
106 나비수국
107 밀
108 조
109 부들
110 수국열매
111 흰동전싸리
112 위성류
113 가막살나무
114 화초고추
115 다정큼
116 생강초
117 황칠
118 홍죽
119 크리스탈
120 탑사철
121 모감주

왁스플라워
Chamelaucium uncinatum
PINK / WHITE

01

왁스플라워
WAX FLOWER / DO NOT DRY

호주가 고향인 왁스플라워는 이름부터가 흥미롭습니다. 왁스플라워는 왁스로 코팅해 놓은 듯한 느낌의 꽃잎을 가지고 있어요. 꽃잎이 흔히 아는 꽃들의 잎처럼 하늘하늘하지 않고 매우 빳빳한 형태를 가지고 있고, 꽃 중심부의 수술 뭉치에 왁스와 같은 유액이 고여 있어 '왁스꽃'이라는 이름을 얻게 되었다고 하네요.

왁스플라워는 향기가 매우 짙은 꽃입니다. 그 향기는 호불호가 갈리기도 하는데, 솔나무 향기와 매우 비슷하고, 살짝 매콤하면서 알싸한 멘솔의 향 또는 비누냄새 같기도 하답니다.

그래서 그런지 한국에서는 솔매라고 불러요. 솔나무와 비슷한 향도 가지고 있고 꽃의 줄기에 올라오는 잎들도 솔잎과 비슷한 형태의 모양과 색을 가지고 있어서 그런 것 같아요.

꽃 모양은 딱 떨어지는 둥근 꽃잎 5개가 수술 주변으로 피어 나오는데 마치 판박이로 찍어낸 것 같이 꽃들이 모양과 크기가 거의 일정하답니다.

#왁스플라워가_드라이_된다고_생각하시는분이_많은데
#드라이_전혀_안돼요
#신기하게도_다섯꽃잎이_오므라들면서_집니다
#오글거릴때_손가락_오므라들듯이

when to buy: always

남천
Nandina domestica

ANOTHER
남천촉, 남천죽

남천
HEAVENLY BAMBOO / DO NOT DRY

남천은 길거리에 많이 자라는 나무 중 하나입니다. 아마 길을 가다가 주변에서 많이 보셨을 거예요. 한국이 원산지 같지만 사실은 중국이 원산지입니다.

갈색의 목대에서 여러 갈래의 가지로 갈라지며 뻗어나가는 나무이며, 잎 크기는 큰 편이 아니고, 여리여리해 보이지만 만져보면 빳빳한 잎을 가지고 있습니다.

남천은 봄부터 겨울까지 사계절 계속 만날 수 있으며, 초여름 6월~7월에는 하얀 꽃망울들이 마구 맺힙니다. 꽃 모양은 마치 자스민과 꽃들처럼 생겼지만 향기는 없어요. 가을이 되면 잎이 너무나 예쁘게 단풍이 들어서 눈길을 끕니다. 여러 가지의 색깔로 물을 들이고 빨갛고 단단한 열매도 포도송이 달리듯이 열립니다. 포도보다는 알 크기가 훨씬 작지만 열매가 달리는 형태는 포도송이를 닮았어요.

단풍의 컬러가 몹시 예뻐서 리스 만드는 데에 자꾸 사용하시려고 하는데, 남천은 전혀 드라이가 되지 않아요. 괜히 예쁘다고 리스에 넣으면 딱 2주 뒤 리스를 건들 때마다 남천 잎이 비 오듯 후두두 떨어질 겁니다. 집에서 단풍놀이를 즐기고 싶다면 말리지는 않겠지만 엄마의 등짝 스매싱은 미리 예약이요.

#자꾸_드라이_되냐고_물어보지_말아요
#남천을_집안에서_잘_키우면
#남자가_잘된다는_설이_있다네요
#미리_키우는_연습을_해보심이
#사랑은_운명보다_노력인듯....
#매일매일_피나는_노력으로_주입식교육을_받고있어요

when to buy: summer ~ early winter

수양버들
Salix babylonica

ANOTHER
참수양버들, 사류, 수류

03

수양버들
WEEPING WILLOW / DO NOT DRY

수양버들은 버드나무과에 속하며 이름을 줄여서 보통 수양이라고 불러요.
중국의 수양산 근처에 많다고 하여 수양버들이라는 이름이 생겼다고 하는데 우리나라 조선왕조 때 수양대군의 이름을 따서 수양버들이 되었다는 속설도 있습니다.
수양버들이 다른 버들과 가장 큰 차이점은 아마도 밑으로 떨어지는 모습을 가진 거겠지요. 위에서 밑으로 물 흐르듯 라인을 표현할 수 있는 버들이에요.
여름이 되어 잎이 무성할 때의 모습도 예쁜데 잎이 금방 까매지는 단점이 있어서 잎 소재로는 사용을 잘 안 한답니다. 이 소재는 버들강아지의 모습보다는 버드나무 모습이 더 매력적인데 말이죠.

#잎이나온_수양버들을_찾아보세요
#곱슬버들과_구분해보세요

when to buy: late summer ~ winter

스프레이 브루니아

ANOTHER
노디플로라, 브루니아 노디플로라

04

스프레이 브루니아
SPRAY BRUNIA / DRY

남아프리카 공화국에서 수입되는 브루니아는 동글동글한 얼굴이 귀여운 소재입니다. 스프레이 브루니아는 브루니아 중에서도 한 줄기에 많은 가지가 달려있어요. 한 줄기씩 깔끔하게 있는 모습을 '스탠다드'라고 하고 한 줄기에 여러 가지가 달려있는 모습을 '스프레이'라고 합니다. 이건 소재뿐만이 아니라 꽃들도 그렇게 부르고 있는데, 꽃이나 소재에 따라 한국말로는 외대, 쌍대라고 표현하기도 합니다.

동그란 얼굴은 열매가 아니라 꽃이랍니다. 꽃은 크기도 제각각이고 컬러는 대체적으로 회색으로 알고 있지만 가끔 녹색을 띠기도 합니다. 그린 색은 새순이고, 점점 꽃이 겨울을 향해 가면서 은회색으로 변하며, 잎의 모습도 참 특이하답니다.

원래 정확한 '브루니아'의 이름은 '노디플로라'입니다. 그러나 시장에서는 노디플로라를 브루니아라고 부르죠. 정확하게 이야기하면 브루니아 안에 노디플로라와 알비플로라가 속해 있는 겁니다. 알비플로라와 다른 점은 꽃이 훨씬 동글동글 귀엽고, 잎도 훨씬 더 얇은 가닥들로 붙어있어요.

물에 꽂아두어도 오래 볼 수 있지만, 드라이도 가능한 소재입니다.

#책을_쓰면서_와이프의_다른모습을_알게돼요
#우리_와이프_쯤_똑똑한것_같아요
#이렇게_외대와_쌍대를_배우네요
#쌍대의_발음이_좀_쎄더라?

when to buy: winter ~ spring

미모사 투르네르

미모사 투르네르
ACACIA / DO NOT DRY

겨울에 나오는 미모사 중에 가장 핫한 투르네르입니다. 미모사는 종류가 정말 많은데요 국내에 수입되는 미모사만 벌써 수십 종은 보았으며, 그중에서 최근 2년 동안 꾸준히 수입되는 소재가 투르네르입니다. 방실방실한 연그린의 몽우리가 피면서 솜사탕같이 달콤한 향을 내는 노란 몽우리로 변하게 되는데, 매주 수입될 때마다 점점 더 노란 꽃 몽우리들이 많아지다가 아주 많이 피게 되면 시즌이 끝납니다. 노란 몽우리들은 아주 작은 솜뭉치처럼 생겼으며, 노란 몽우리들이 절정으로 만개했을 때 얼마나 예쁜지 모릅니다.

'오늘은 투르네르를 안 사야지' 하다가도 너무 예쁘게 핀 모습을 보고 사가시는 분들이 많아요. 사실 투르네르의 노란 꽃 몽우리만 보면 겨울보다는 봄에 더 가까운 소재 같지만 투르네르는 겨울에 반짝 나왔다가 봄이 오기 전에 들어가 버립니다. 겨울에 따뜻한 노란 꽃들로 어레인지를 할 수 있게 만들어주는 사랑 받는 소재입니다.

너무 강한 노란색이라 다른 컬러의 꽃들과 믹스하게 되면 조금 촌스러워 보일 수 있기 때문에 같은 계열의 노란색이나 오렌지색 또는 깔끔하게 흰색과 함께 쓰시기를 추천합니다. 물올림이 좋지 않고 습기 관리가 안 되면 후드득 떨어지는 단점이 있습니다.

#초록에_노랑이_마치_뭐랄까
#파송송_계란탁
#라면을_부르는_비주얼

when to buy: late autumn ~ early spring

미모사 플로리반다
Acacia floribunda

06

미모사 플로리반다
ACACIA FLORIBUNDA / DO NOT DRY

미모사의 한 종류인 플로리반다입니다. 플로리반다는 투르네르와 헷갈려 하는 소재입니다.

조금 쉽게 외우는 방법은 플로리반다는 투르네르보다 노란 몽우리들이 훨씬 작으며 노란 몽우리들의 양이 매우 적어요. 투르네르처럼 매우 샛노란 색이 아닌 살짝 초록색이 도는 연한 노란색이며, 노랑 몽우리가 터지면서 꽃이 확 피지는 않아요.

플로리반다의 줄기 윗부분에만 노란 몽우리가 달리며 투르네르처럼 양이 많지는 않습니다.

줄기 아랫부분은 빳빳한 잎들만 달려있고, 잎은 마치 리시안서스의 잎이 작아진 느낌입니다.

이렇게 투르네르와 구별해서 설명하는 이유는 간혹, 투르네르와 헷갈려 플로리반다를 구매해 가시고 꽃을 피우지 않고 드라이 돼버리자 안 좋은 미모사를 팔았다고 컴플레인 거는 분들이 많아요. 잘 확인하시고 구매하시길 간곡히 부탁드립니다.

#구별이_힘들때에는_왼쪽으로_고개를
#친절한_김알바가_구별서비스_제공합니다

when to buy: autumn ~ spring

피토스 테누이폴리움
Pittosporum tenuifolium

ANOTHER
피토스포룸

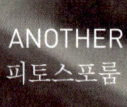

피토스 테누이폴리움
TAWHIWHI, KOHUHU / DO NOT DRY

피토스도 종류가 많은데, 피토스포룸(pittosporum) 중 하나입니다. 뉴질랜드가 원산지이고, 드라이 전혀 안 됩니다. 말리면 잎이 후드득 떨어지는데 벚꽃엔딩 뺨칩니다. 스프레이 해주면서 습도를 유지해주셔야 그나마 오래 보관 가능해요.
여러분이 알고 계시는 천리향도 사실 피토스과이고 쥐똥나무도 피토스과에요.
물내림 별로 심하지 않다고 알고 있었는데 자꾸 옆에서 물내림이 심하다네요. 위쪽이 금방 꼬부라진대요.
비부리움 비슷한 느낌으로 사용하기 좋아서 비부리움 없을 때 많이 추천합니다.

#피토스는_비부리움처럼_똥냄새는_없어요
#안심해요_여러분들

when to buy: winter ~ spring

국산 피토스포룸

뉴카덴드론

ANOTHER
유카덴드륨

09

뉴카덴드론
LEUCADENDRON / DRY

남아공의 대표 식물 중 하나인 '유카덴드룸'입니다. 추위에도 강한 편이라 영하권이 적은 제주도에서도 재배가 되긴 하지만 기후 맞추기가 힘든 탓에 적덴드룸만 국내 출하가 되고 있어요.
적색을 '선셋사파리_sunset safari'라 부르고 그린톤이 강한 녀석(그린덴드룸)은 '마운틴로즈_mountain rose'라고 불린답니다.
말리면 색이 바래서 흰색에 가까워지기도 하는 이 소재는 조금 뻣뻣한 느낌과 길이가 좀 긴 편의 잎 때문에 핸드타이드에 사용하기도 좋아요. 개인적인 생각으론 여름보다는 겨울에 잘 어울립니다.

#어디에_진열되어있나_잘찾아보세요

when to buy: four seasons

레이스플라워

ANOTHER
아미, Queen anne's lace

10

레이스플라워
DO NOT DRY

when to buy: spring

천리향
Pittosporum tobira

ANOTHER
만리향, 돈나무

천리향
AUSTRALIAN LAUREL / DO NOT DRY

시장에서 부르는 천리향이라는 소재는 아예 잘못된 이름이에요. 플라워샵을 하시고 샵에서 분화도 판매하시는 분들은 이미 알고 계시겠지만, 분화로서의 천리향이 왜 소재집에서 판매하는 천리향과 모습이 다른 걸까요?
소재집에서 판매하는 천리향의 원래 이름은 만리향입니다. 돈나무라고도 하며 피토스포룸의 종류입니다. 이 책은 시장 용어로 설명을 우선하고 있으므로, 천리향이라고 표현하겠습니다.
천리향은 매우 반짝거리는 윤기 가득한 잎을 가지고 있으며, 향이 매우 짙어요. 천리향의 향은 소재 전체에서 나지만 특히 뿌리 부분에서 고약한 향이 나며, 잎의 머리 부분에 달린 열매까지도 끈적끈적한 물질이 있어 똥처럼 파리가 꼬인다고 해서 제주도 방언으로는 '똥낭'이라고 한답니다.
잎은 나뭇가지를 중심으로 길고 넓적한 잎들이 사방으로 뻗어나가며 피는데, 위에서 내려다보면 손바닥들이 인사하는 느낌이에요. 소재집에서의 천리향은 사계절 내내 판매되는 스테디셀러이며, 꽃으로 쓰기보다는 서귀목과 마찬가지로 잎 소재로 많이 사용합니다.

#나도_우리집에서_제일_더러운데
#넌_얼마나_더럽길래_똥낭이니
#왠지_이_책이_유포되어_와이프가_읽는순간
#저도_방배똥낭이_되어있겠죠
#씻기려는자와_안씻으려는자의_전쟁

when to buy: four seasons (새순나올 때 제외)

오리나무
Alnus japonica

ANOTHER
오리목

12

오리나무
EAST ASIAN ALDER, JAPANESE ALDER / DRY

소재로 흔히 사용하는 둥글둥글한 열매 달린 나무는 뭐죠? 그래요 이것은 오리나무의 열매예요. 똥글똥글 딱딱한 것이 제 머리랑 비슷해요.
자작나무과에 속하며 봄에 꽃이 핀 모습으로 만날 수 있습니다. 늦여름, 초가을쯤 초록색 열매가 달리고 10월쯤 가을이 무르익기 시작하면 초록색 열매가 갈색 열매로 변신합니다. 다 익으면 열매 조각이 솔방울처럼 벌어지며 안에 씨앗도 볼 수 있어요
"겨울에도 열매가 떨어지지 않고 드라이되는 소재가 있나요?"라고 질문하시는 분들이 계신데, 오리나무가 그중에 하나입니다. 그뿐만 아니라 그냥 나무 한 가지 척 매달아 놓고 전구를 감아놓으면 크리스마스 느낌도 충분히 낼 수 있어요.

#오리꽥꽥_참새짹짹
#주말동안_담이왔어요
#김알바_등때리면_오리주둥이처럼_입튀어나옵니다

when to buy: autumn ~ spring

왕버들
Salix chaenomeloides

ANOTHER
호랑버들, 밍크버들

왕버들
GIANT PUSSY WILLOW / DO NOT DRY

우리가 아는 왕버들의 원래 이름은 호랑버들이에요. 1월쯤 호랑버들의 딱딱한 나뭇가지에 팥알같은 갈색의 딱딱한 겨울눈이 올라오고, 살이 통통히 올라 꽃봉오리가 터지면 우리가 아는 왕버들의 모습이 됩니다.
왕버들이 좀 더 개화하여 봉오리가 더 커지고 초록빛이 살짝 돌기 시작하면, 밍크버들이라고 부릅니다.
밍크버들은 겨울에 크고 긴 화병에 한 단만 풀어서 꽂아놔도 세련된 인테리어 소품이 되는데 소재 자체가 따뜻한 느낌을 주기 때문입니다. 봄이 되면 밍크 부분에 새순이 올라오며 노란색 털 뭉치로 바뀝니다.
그리고 초여름이 되면 줄기에 잎도 무성해지기 시작하는데, 이때 멀리서 버들 군락을 보면 절대 버들이라고 생각 못 하실 거예요.
여름에 길거리에서 밍크버들의 또 다른 모습을 찾아보는 것도 재미있을 테니 찾아보세요.

#사실_호랑버들_와이프가_알려줬어요
#전_이름이_진짜_밍크버들인줄
#호랑버들이라고하기엔_너무_밍크이고_난리

when to buy: autumn ~ spring

재밥나무
Castanopsis sieboldii

ANOTHER
구실잣밤나무

재밥나무
SIEBOLD'S CHINQUAPIN / DRY

재밥나무는 구름비와 마찬가지로 생각보다 엄청 큰 나무예요. 그래서 실제로 마주치면 재밥인지 모를 수도 있습니다. 구름비와 마찬가지로 제주도에서 올라옵니다. 제주도에는 재밥나무로 된 숲 터널도 있어요. 그런데 재밥나무터널로 찾으면 안 나와요. 왜냐하면 재밥나무는 시장 용어이기 때문이죠.
정확한 이름은 '구실잣밤나무'입니다.
나중에 제주도에 가시걸랑 구실잣밤나무숲 터널로 검색해서 가보세요. 그렇게 긴 터널은 아니라고 하니, 가보시고 시시하다고 화내시면 안 돼요.
이름이 길지만 아주 입에 착착 감겨요. 이름에서 알 수 있다시피 참나뭇과의 밤나무(너도밤나무) 일종이라고 합니다.
잎의 앞뒤 질감이 달라 여러 용도로 사용되며, 겨울에도 판매되고 드라이가 가능해 리스 재료로 많이 사용되는 소재입니다.

#이런잣밤나무
#항상_바닥쪽에_진열되어있어요
#바닥부터_찾아보시고_불러주세요

when to buy: four seasons (새순나올 때 제외)

아랄리아
Dizygotheca elegantissima

ANOTHER
아라리아, 디지고테카

아랄리아
FALSE ARALIA / DO NOT DRY

블랙에 가까운 색상 때문에 항상 "쟤는 뭐예요?" 이런 소리를 듣는 소재입니다. 이 소재는 '아라리아'입니다. 아랄리아라고도 부르는데 아랄리아는 발음이 조금 힘 드니 보통 아라리아 라고 부릅니다.
아라리아는 수입 팔손이의 느낌과 비슷한 식물입니 다. 아라리아의 형태는 팔손이처럼 한 줄기에 손바닥 모양의 겹잎이 어긋나게 달려있어요. 팔손이와 다른 점은 팔손이는 잎이 정말 손바닥처럼 하나의 잎으로 빳빳하지만 아라리아는 손바닥 없이 손가락 다섯 개 만 있는 느낌이라 당연히 흐느적흐느적합니다. 우리 나라 팔손이와 똑같이 두릅나무과에 속합니다.
뉴칼레도니아를 비롯하여 태평양 여러 섬에서 자라나 고, 그곳에서는 관상용으로 흔히 사용된다고 합니다. 우리나라에 오면 비싼 몸값이 되는데 말이죠.
아라리아를 쉽게 물 올리는 방법은 줄기 자른 곳을 으 깨어 깊은 물에 담그면 됩니다. 아주 좋은 팁이지요?

#아라리아_아라리오
#마치_탈춤추는듯한_너의_손가락
#손바닥은_무거워서_두고왔니

when to buy: sometimes when imported

아이반호
Grevillia ivanhoe

ANOTHER
이반호, 이반호프,
그레빌리아 아이반호, 그레빌리아 이반호프

아이반호
IVANHOE / DRY

시장에서는 아이반호라는 이름보다는 이반호프라는 이름이 더 친근한 소재입니다. 그 이유는 처음 이반호프가 수입되던 날, 영문 표기명을 잘못 읽은 데서 시작 된 것 같아요. e를 f로 잘못 보고 읽는 바람에 이반호프라고 유통되기 시작했어요. 그래서 이반호프라는 이름도 얻게 되었답니다. 정확한 이름은 아이반호이며, 그레빌리아 중 하나입니다.

무엇보다 이반호프는 잎의 모양과 색이 특이한데, 앞면의 컬러가 또렷한 그린 색이라면 뒷면은 은빛이 도는 그린으로 잎의 앞면과 뒷면의 컬러도 조금 다르답니다. 확연히 앞뒤 컬러가 구분이 되는 소재예요.

드라이 가능한 소재라서 드라이 리스에는 빠지지 않고 들어가는 겨울을 책임지는 소재 중 하나입니다.

저의 와이프는 이반호프를 보면 학창시절이 생각난다고 해요. 어릴 적 핑킹가위로 그렇게 종이를 잘라댔다고 하는데 마치 그 모양을 닮았다고 하네요. 듣고 보니 그렇기도. 그나저나 장모님 힘드셨겠어요. 핑킹가위로 자르고 분명 뒷정리는 안 했을 테니까요.

#처음에_이반호프라길래
#새로_오픈한_호프집인줄
#치맥땡기게하는_이름

when to buy: four seasons

아이반호 염색

그레빌리아 로버스터
Grevillea robusta

ANOTHER
로버스터

그레빌리아 로버스터
SILKY OAK / DRY

로버스터는 그레빌리아의 한 종류에요. 그레빌리아라는 소재가 조금 생소하신가요?
유칼립투스(구니, 파블로, 블랙잭, 니콜, 폴리...)가 있듯이 그레빌리아도 여러 종류(이반호프, 로버스터...)가 있습니다. 이처럼 그레빌리아인줄 모르시고 사용하시는 소재들이 너무 많아요.
그 중에서도 로버스터는 호주 고유의 품종으로 가장 큰 종류이고, 성장 속도가 매우 빠르다고 합니다. 호주 날씨에 완벽하게 적응되어 있는 로버스터는 덥고 건조한 환경에 강하며 꽃도 피지만 우리나라에 들어오는 모습들에서는 꽃을 보기 쉽지 않습니다. 그럼에도 로버스터는 잎 소재만으로도 충분한 매력을 느낄 수 있으니 다행이에요.
그레빌리아의 잎들은 매우 특이하게 생긴 것들이 대부분이지만, 그중에 로버스터는 조금 평범한 잎을 가지고 있는 소재입니다. 쑥처럼 생기기도 했고, 고사리 종류들과 비슷하여 그레빌리아 종이 아닌 줄 아는 분들도 꽤 있어요.
최근 우리나라에 그레빌리아 종류들이 많이 수입되어 들어오고 있고 수입 소재의 한 부분을 묵직하게 차지하고 있습니다.

#소재를_고르실때_특이하다면
#한번쯤_그레빌리아를_의심해보세요

when to buy: autumn ~ winter

그레빌리아 후커리아나
HOOKER'S GREVILLEA / DRY

18

그레빌리아 아스프넨폴리아
ASPLENIIFOLIA / DRY

구름비
Litsea japonica

ANOTHER
까마귀쪽나무, 가마귀쪽나무

20

구름비
YELLOWISH VELVETY-LEAF LITSEA / DRY

우리가 흔히 부르는 구름비는 사실 본명이 아니랍니다. 본명은 구롬비 또는 구럼비라고 하며 정확한 이름은 까마귀쪽나무라고 합니다.
구름비의 계절은 11월부터 시작이에요. 리스의 계절이기도 하지요.
앞 뒷면의 색과 촉감 느낌이 많이 달라요. 앞 면이 조금 빳빳한 초록 잎의 느낌이라면 뒷면은 부들부들한 솜털 같은 느낌이죠.
드라이를 시켜도 변형되지 않아 겨울철 리스 소재로 제일 많이 사용해요. 태산목과도 비슷하지만 잎 크기에서 가장 큰 차이가 납니다.
태산목보다 훨씬 잎 크기가 작고, 태산목이 살짝 브라운 컬러를 내는 반면 구름비는 그린 컬러의 잎입니다.

#드라이리스계의_작은형아
#일반_겨울필러로도_손색이없어요
#물_없이도_아주_오래_버팁니다
#제주도에서는_매우_흔히_볼수있답니다

when to buy: four seasons

best sale
autumn ~ winter

측백
Thuja orientalis

ANOTHER
측백나무, 나나골드

편백
Chamaecyparis obtusa

21

ANOTHER
편백나무, 노송나무

측백 • 편백
ORIENTAL ARBORVITAE • HINOKI CYPRESS / DO NOT DRY

측백과 편백은 너무 닮은 모습이기에 구별하는 방법을 쉽게 알려드리려고 합니다.

사실 저도 대충 큼직한 형태 정도로만 구분하고 가끔은 구분이 잘 안돼서 박스에 붙은 이름을 보고 알아요. 그리고 어떤 분들은 꼭 측백과 편백이 함께 있어야만 비교해서 구분이 가능하다고 하십니다.

측백은 평면, 편백은 입체적인 거라고 생각하면 되는데 측백과 편백의 차이점은 여러 가지가 있습니다. 일단 이름에서 볼 수 있는 긴 측백의 측은 곁측 자를 사용하여 세로라는 뜻을 포함하고 있고, 편백의 편은 넓적할편 자를 사용하여 넓은 잎이라는 걸 연상시킵니다. 실제로 측백은 한 줄기로 세로 모양으로 길게 자라는 반면 편백은 가지가지 뻗어가며 잎이 나와 측백에 비해 잎이 넓어 보입니다. 우리가 거리에서 흔히 볼 수 있는 나무는 측백입니다. 편백은 깊은 산속에서 자라는 나무예요. 측백은 큰 나무라고는 하지만 편백에 비해서는 매우 낮게 자라지요. 그래서 측백은 관상용으로 많이 심고, 편백은 목재 자체로도 많이 사용됩니다. 원산지가 일본인 편백은 영명이 히노키예요. 히노키탕에 사용하는 목재이니 목재로 사용하는 나무라는 걸 연상하기 쉽지요?

열매에서도 큰 차이가 있습니다. 측백의 열매는 어릴 적 별을 접어보신 분이라면 바로 그 별을 떠올려 보세요. 크게 부풀려진 초록색 별 모양의 열매입니다. 편백의 열매는 동글동글하며 줄무늬가 있고 갈색을 띠고 있습니다.

#편백탕에_앉아_측백울타리를_감상하는거죠
#이제_조금_외워지시나요

when to buy: four seasons

레몬트리
Viburnum arlesii

ANOTHER
비브리움, 분꽃나무, 붓꽃나무, 가막살나무

22

레몬트리
KOREAN SPICE VIBURNUM / DO NOT DRY

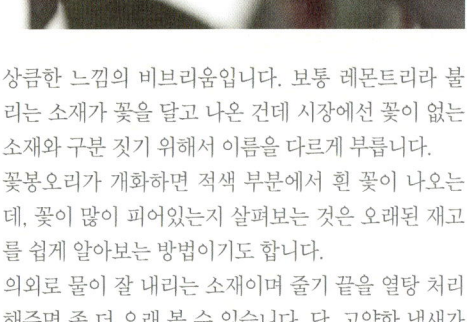

상큼한 느낌의 비브리움입니다. 보통 레몬트리라 불리는 소재가 꽃을 달고 나온 건데 시장에선 꽃이 없는 소재와 구분 짓기 위해서 이름을 다르게 부릅니다.
꽃봉오리가 개화하면 적색 부분에서 흰 꽃이 나오는데, 꽃이 많이 피어있는지 살펴보는 것은 오래된 재고를 쉽게 알아보는 방법이기도 합니다.
의외로 물이 잘 내리는 소재이며 줄기 끝을 열탕 처리 해주면 좀 더 오래 볼 수 있습니다. 단, 고약한 냄새가 코를 힘들게 할 수 있어요.

#똥냄새_왕비브리움
#물올림이_약해요

when to buy: four seasons

레드베리

레드베리
REDBERRY / DRY

열매의 크기는 매우 작으며, 왠지 새콤달콤할 것 같고 불그스름 한 게 탐스러워 보이기까지 하죠.
작은 열매들이 다닥다닥 단단하게 뭉쳐서 길게 늘어지는 형태로 달리며, 줄기가 곧고 힘 있게 달리는 경우도 있지만 줄기가 얇아 라인을 살리며 축 늘어지는 부분도 있어요.
적재적소에 잘 맞추어서 사용하시면 어디에나 잘 어울려 화룡점정으로 제격입니다.

#그나저나_여러분마음_백번_이해하지만
#제발_먹을수있냐고_그만_물어봐요
#먹을수있다고하면_먹을것도_아니면서
#왜_굳이_어째서_먹으려고하는거에요?
#다시한번_말하지만
#세상에는_맛있는게_많아요
#밭두렁_먹고싶네요

when to buy: autumn ~ winter

은엽아카시아
Acacia dealbata

24

은엽아카시아
MIMOSA, WATTLE SILVER / DO NOT DRY

실아카시아
은엽아카시아 종류인데 구분하기위해서
실아카시아라고 시장에서 부른다.

정태수
Cornus controversa

ANOTHER
등대나무, 비목나무

정태수
WEDDING CAKE TREE / DRY

학명을 보아하니 층층이과의 나무에요. 원산지가 중국산이어서 현지에서는 덩타이(덩쿨)로 부르는데 그렇게 불리면서 한국으로 와서는 발음이 바뀌어서 등대가 되었고, 그래서 등대나무라고 불러요. 시장에서는 등대나무로 많이 알려져 있는 소재이지요.

제가 웬만한 것들은 시장 용어를 따라가는 편이지만 등대나무 만큼은 정확한 이름으로 불리게끔 많이 노력하고 있습니다. 이유는 등대나무라고 부르기 시작한 배경이 정확하지 않고, 나무 모양도 등대나무를 연상시키기가 쉽지 않아서입니다. 그래서 등대나무 만큼은 정태수라고 정확히 부르시길 바라고, 저도 항상 판매할 때 정태수라고 부릅니다.

새로 나온 소재인 줄 아시는 분들도 계시고, 왜 등대나무가 아니고 정태수예요? 하시는 분들도 계시지만 이 책을 읽으신 분들은 이제부터 정태수라고 꼭 불러주세요.

말채나무, 층층이나무와 생김새와 컬러, 질감까지 매우 비슷한데 정태수는 가지 끝에 몽글몽글한 몽우리가 달려있어요. 열매는 아니고요.
2주 정도 지켜보시면 몽우리가 터지면서 꽃이 피어오릅니다. 꽃은 노란색으로 산수유와 닮았지만 산수유보단 더 밀집력 있는 모습이에요.
키가 아주 큰 소재라 다방면으로 쓰기 좋아요. 여러 가지 매력이 있는 소재랍니다.

#학창시절_우리반에_있던_아이같은_이름
#성은_정이요_이름은_태수이니
#태수야_반갑다
#잊지말자_정태수

when to buy: late autumn

STORY 02

몬스테라
Monstera deliciosa

몬스테라
MONSTERA / DO NOT DRY

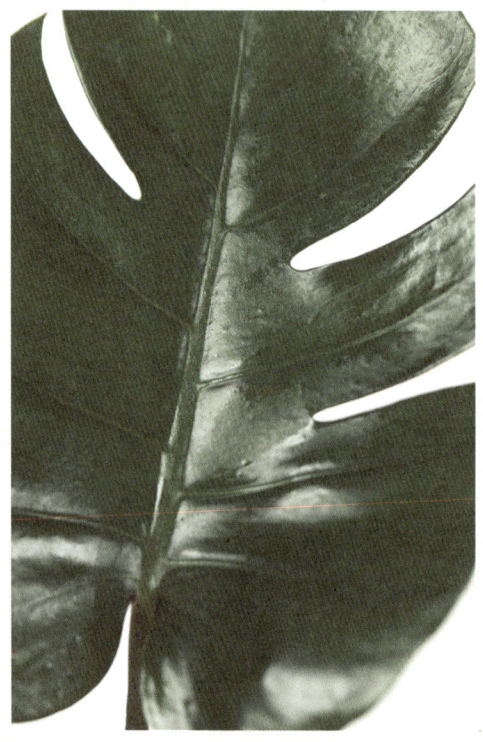
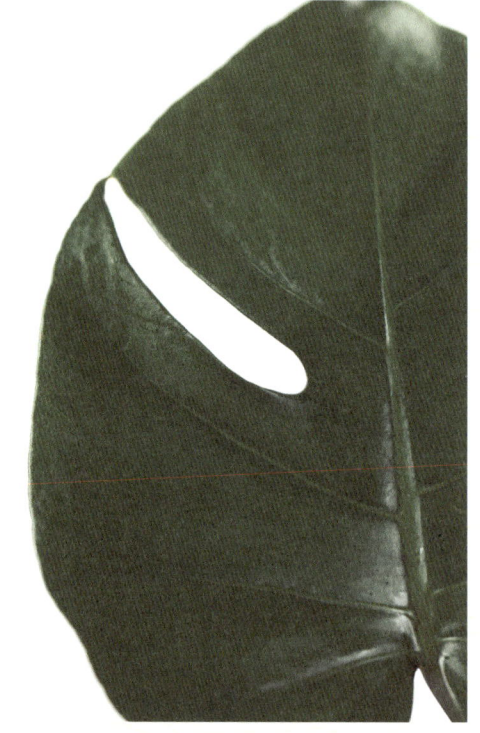

관엽계의 아이돌 같은 존재 몬스테라입니다. 투명 유리화기에 몬스테라 한 장이면 치맥에 버금가는 콤비죠. 수명도 엄청 긴 편이고 때때로 뿌리가 내리는 경우도 있습니다.

국내산은 여름에 많이 나오고 겨울에는 하우스 재배를 하는 관계로 나오는 양이 적습니다. 그래서 말레이시아산 몬스테라를 수입할 때도 많습니다.

일반적인 몬스테라는 광이 나지 않지만 판매용으로 광택제를 뿌려서 판매하는 경우도 있습니다.

절엽 상태의 몬스테라는 인테리어 소품으로도 많이 쓰지만, 센터피스를 만들 때에 플로럴 폼을 가리는 용도로도 많이 사용합니다.

#공간연출할때_이거한장이면_그뤠잇
#물올림이_좋아서_물과_함께라면_수명이_길어요

when to buy: four seasons

팔손이
Fatsia japonica

27

팔손이
GLOSSY-LEAF PAPER PLANT / DO NOT DRY

팔손이, 이름만 들어도 딱 한국적인 느낌을 풍기죠. 관상용으로 심으며 잎이 여덟개로 갈라졌다고 해서 팔손이라고 합니다.

그늘에서 잘 자라고 공해에 비교적 강해서 길거리에도 많이 심어져 있는 걸 볼 수 있어요.

그래서인지 시장에서는 절지된 상태로 일 년 내내 만나볼 수 있어요. 가격도 많이 저렴해서 부담 없이 쓸 수 있답니다.

몬스테라와 더불어 플로랄폼을 가리는 용도로 많이 사용해요.

#셀렘과_비슷해보이지만
#전혀_달라요

when to buy: four seasons

피어리스
Pieris japonica

ANOTHER
마취목

28

피어리스
LILY OF THE VALLEY BUSH / DRY

와인빛의 꽃봉오리가 매력적인 피어리스는 겨우내 가게 한쪽 자리를 지키고 있는 소재입니다.
피어리스의 잎은 굉장히 튼튼하지만 얇고 긴 모양을 가지고 있으며, 드라이가 가능한 소재여서 꾸준한 인기를 받고 있습니다.
굳이 다른 꽃들과 어레인지를 하지 않아도, 그 자체만으로도 예뻐서 한 가지만 잘라서 꽂아둬도 감각 있는 플랜테리어가 됩니다.
피어리스의 꽃이 피는 시기가 4월~5월이라고 하지만, 시장에 들어오는 수입 피어리스의 경우 6~9월에 아주 짧게 들어오며, 꽃이 핀 피어리스는 피어리스블룸이라고 합니다.
꽃은 순백색의 아주 하얀 꽃망울들이 주렁주렁 열리듯이 터지면서 개화합니다.
피어리스는 독이 있는 소재여서 잘못 섭취할 경우 중독 현상을 일으키기 때문에 절대 먹으면 안 됩니다. 마취목의 독이 호흡중추마비를 일으키기 때문이지요.

#피어리스블룸_부지런하지않은자는_구경도못하고_지나갈수도있어요
#지금_처음아신분들은_7월엔_부지런해져봅시다
#부케소재로_많이_사용해요
#꽃말은_당신과_함께_여행합시다

when to buy: four seasons

신종 셀렘
Philodendron xanadu

ANOTHER
필로덴드론 자나두

신종 셀렘
PHILODENDRON / DO NOT DRY

시장에서 신종 셀렘이라고 불르는 셀렘의 본명은 '필로덴드론 자나두'랍니다.
셀로움에 비해 잎이 작고 줄기가 길며 잎 모양이 세로로 길쭉해요. 셀로움이 넓은 호박잎 같은 느낌이라면 자나두는 오이 가지 뭐 이런 느낌이에요.
시장에 들어오는 자나두는 그렇게 줄기가 길게 들어오지는 않아요. 테이블용으로 디스플레이하기 좋은 길이입니다.
간혹 자나두가 오리지널이고 셀로움을 신종이라고 생각하는 분들이 많은데요 아마도 요즘 크고 넓은 몬스테라 잎이나, 알로카시아 잎들이 유행해서 넓은 모양의 셀로움을 신종이라고 생각하시나 봐요.
외우기 쉬운 방법은 잎이 넓은 몬스테라나 알로카시아는 신종이 따로 없고 신종일수록 잎이 얇아진다로 기억하시면 될 것 같습니다.

#신종셀렘씨는
#야나두_하는_마른_젊은이

when to buy: four seasons

조팝나무
Spiraea cantoniensis

ANOTHER
공조팝나무, 참조팝나무

30

조팝나무
REEVES SPIRAEA / DO NOT DRY

시장에서 부르는 조팝나무의 정확한 이름은 '공조팝나무'예요. 아주 작은 하얀 꽃들이 동그라미 모양을 이루며 주렁주렁 핍니다. 그 모습이 공 같아서 그런지는 모르겠지만 정확한 이름은 공조팝입니다.
시장에서 설유화라고 부르는 소재의 원래 이름이 '가는잎 조팝나무'이듯이요.
꽃이 피기 전에는 잎 소재로도 많이 사용하고, 꽃이 피고 난 뒤에는 소재의 역할뿐만 아니라 꽃의 역할도 톡톡히 해냅니다.
풍성하고 아래로 떨어지는 모습이 탐스럽지만 조팝나무의 최대 단점은 바로 물내림이 심하다는 것이죠. 그래서 2월 졸업시즌에 활발히 나오는 조팝이지만 졸업식 꽃다발 사용에는 신중히 사용하셔야 합니다.
금방 탑 부분이 쳐지고 꽃도 시들기 때문이에요.
설유화와 비슷한 듯 다른 조팝이기에 설유화파와 조팝파로도 많이 나뉘나 봅니다.

#조같은_작은알갱이의_꽃이
#팝콘터지듯_피어서
#조팝나무

when to buy: january ~ may

설유화
Spiraea prunifolia

ANOTHER
가는 잎 조팝나무

설유화
SIMPLE BRIDALWREATH SPIRAEA / DO NOT DRY

정확한 이름은 '가는 잎 조팝나무'로, 설유화라고 부르는 이유는 겨울에 가는 나뭇가지에 하얀 꽃들이 피어나는 게 마치 하얀 눈 같다고 해서 설유화라고 부르기 시작했다고 합니다.
보통 1월 중순부터 나오기 시작했는데 최근엔 1월 초순부터 5월 말까지 판매가 되고 있으며, 봄 웨딩 장식에 가장 많이 쓰이는 소재입니다.
조팝과 다르게 물올림이 좋아 많은 물을 필요로 하고 키도 1미터 내외로 매우 긴 편이라 다양한 디자인 소재로 사용됩니다.

when to buy: late december ~ early may

잎설유

잎설유
DO NOT DRY

when to buy: summer~autumn

호엽란 · 줄호엽란
Ophiopogon jaburan

ANOTHER
맥문아재비

호엽란 · 줄호엽란
WILD LILYTURF / DO NOT DRY

말 그대로 엽란의 얇은 형태이기 때문에 호엽란이라고 불러요. 그리고 얇은 줄무늬가 들어가 있는 호엽란은 줄호엽 또는 무늬호엽이라고도 부릅니다.
너무 동양적인 모습과 라인을 가지고 있기 때문에 그다지 인기가 많은 소재는 아니지만 시즌에 따라 판매율이 오르락 내리락하는 소재입니다. 투명 화기의 안쪽을 장식할 때도 유용하며, 스파이더부케와 같은 느낌을 디자인할 때도 자주 사용하는 소재랍니다.
호엽란의 가장 큰 장점은 긴 수명이에요. 점점 노랗게 변해가며 생을 마감하지만, 물에만 잘 담가주시면 1~2개월 동안은 멋진 자태를 유지합니다.

#사실_와이프가_그렇게_쓸어가더라구요
#가끔_삘꽂히면
#꽃다발을_호엽으로_묶기도_하더라구요
#엽란쓰실때_겹쳐서_사용하면_멋스럽다네요
#여러분은_어떻게_사용하시나요

when to buy: four seasons

페니쿰
Panicum

페니쿰
PALL PANICUM / DO NOT DRY

하늘하늘한 느낌의 대명사 페니쿰은 과거에는 여름~가을철에만 쓸 수 있었지만 수입 페니쿰이 들어오는 덕에 이젠 사계절 내내 시장에서 볼 수 있습니다. 오래되면 잎사귀부터 색이 변하며, 너무 습하게 관리하면 검은색으로 변질되니 관리에 신경을 써주셔야 되는 소재입니다.

#일년내내_하늘하늘해요
#오래되면_잎사귀부터_제거 해주세요

when to buy: four seasons

유칼립투스 다이브즈
Eucalyptus dives

유칼립투스 다이브즈
PEPPERMINT BROAD-LEAVED / DRY

니콜과 많이 비슷하게 생겼지만 만져보면 완전히 달라요. 줄기부터 많이 억세고 잎은 더더욱 단단하답니다. 열매같이 보이는 건 꽃 몽우리이며, 글라블루스와 같이 중국에서 건너왔습니다. 드라이를 하면 잎 색이 많이 변하는 단점이 있지만 꽃 몽우리는 잘 달라붙어 있어요.

#니콜친구인듯싶지만_실제론좀먼친척입니다
#씨드가안나올땐_이친구를찾아주세요

when to buy: autumn ~ winter

씨드 유칼립투스
Eucalyptus spp.

ANOTHER
열매유칼리

씨드 유칼립투스
POPULUS / DRY

대중적으로 알려진 '유칼립투스 폴리'에 꽃봉오리가 달린 버전이라고 생각하시면 됩니다. 시장 이름은 보통 편하게 바꿔 부르려고 하는 경우가 많아서 '씨드 유칼립투스'라고 부르기 시작했어요.
국내산 폴리는 기후 때문인지 꽃봉오리가 생기지 않는다고 합니다. 그래서 대부분 이탈리아나 네덜란드, 미국에서 수입되고 있으며, 적색으로 물을 올려서 수입되거나 자연적으로 붉은 것도 있습니다.
말려도 형태 유지나 색 변화가 적어서 리스 용이나 드라이 꽃다발에도 많이 사용해요.
씨드 유칼립투스는 열매 유칼립투스라고도 부릅니다.

#유칼립투스중_말렸을때_제일_형태변화가_없어요
#리스에_사용하면_적합합니다
#씨드유칼립투스_열매유칼립투스_폴리유칼립투스_퍼퓰러스_퍼퓰러스베리
#모두_내이름이에요

when to buy: four seasons

스키미아
Skimmia japonica

스키미아
SKIMMIA / DO NOT DRY

시장에 수입된지는 꽤 오래된 편이며, 수입 소재계의 큰형쯤 됩니다. 아직까지도 수입이 된다는 것은 그만큼 사랑받는다는 말이겠지요.
스키미아는 수명도 엄청 긴 편인데, 물 없는 환경에서도 꽤 버티지만 오래되면 잎 끝이 노래지며 잎이 떨어집니다.
대부분 이탈리아에서 수입하며 크리스마스 시즌에는 염색해서 사용하기도 해요.

#수입소재계의_오래된분
#보통_그린스키미아의_단이_적스키미아보다_많이_좋아요

when to buy: four seasons

알비플로라

ANOTHER
브루니아 알비플로라

알비플로라
WHITE-FLOWERED BRUNIA / DRY

영명으로 보면 하얀 꽃이 피는 브루니아란 뜻입니다. 작은 솔방울처럼 색깔이 다양한 방울들은 꽃이 아니에요. 알비플로라의 꽃은 방울 사이사이에서 아주 작은 하얀 꽃이 올라옵니다.

노디플로라(우리가 흔히 브루니아라고 알고 있는 것)의 얼굴이 아주 동글동글했다면 알비플로라의 얼굴은 윗부분이 매우 평평해요. 노디플로라의 윗부분을 자른 모습이어서 좀 더 둔탁해 보입니다. 잎의 모습도 훨씬 더 둔탁하고 두껍지만, 잎의 색상이 파릇파릇한 것이 노디플로라보다 좀 더 잎 다운 모습입니다.

판매되는 알비플로라의 색상이 다양한 것은 자연색이 아니라 염색한 모습이며, 알비플로라에서는 커피향이 난다고 해서 영명으로는 Coffee-Scented Brunia, Coffee Bush 라고 부르기도 합니다.

이제 여러분도 그 정도는 눈치채셨겠지요?

#알바아니고_알비에요
#커피향으로_알비와_노디를_구분해봅시다
#킁_킁킁_킁킁킁_킁킁킁킁

when to buy: winter

올리브
Olea europaea

올리브
OLIVE TREE / DRY

올리브나무는 저에게 추억이 많이 있는 나무입니다. 신혼여행으로 갔던 이탈리아의 거리에 올리브나무들이 가득했거든요. 우리나라의 은행나무만큼 많고 은행 열매가 떨어지듯 길바닥에 올리브 열매들이 많이 떨어져 있었어요.

올리브 잎의 앞면은 진한 녹색이고 뒷면은 회색빛의 녹색 잎으로 앞뒤 면의 컬러가 다르며, 드라이가 되어도 형태의 변화가 없기 때문에 가격만 괜찮다면 크리스마스 시즌에 리스에 넣어 디자인을 해도 예쁘답니다.

우리나라의 기후도 올리브나무와 잘 맞으면 얼마나 좋을까요? 올리브 나무는 햇빛을 좋아하고 너무 습한 것을 싫어하기 때문에 실내보다는 밖에서 키우는 게 더 좋지만, 너무 춥거나 너무 더우면 안 돼서 여름 겨울이 뚜렷한 우리나라의 기후와는 맞지 않아 안타깝습니다.

#호남소재사장님_수입해주셔서_고마워요
#더_열심히_일할께요
#사랑해요_이탈리아

when to buy: winter

코치아

40

코치아
COCHIA / DO NOT DRY

코치아의 고향은 남아공이에요. 건조에 매우 강하지만 예쁘게 드라이가 되는 소재는 아니며, 마치 질감이나 컬러가 다육식물 같지만 그냥 절화입니다.
만져보면 촉감이 램스이어와 비슷한 벨벳 같은 느낌이고, 컬러 또한 램스이어나 더스티밀러와 같은 아주 연한 회색빛깔의 컬러를 가지고 있어요. 그래서 겨울 소재로 제격이고, 질감이 따뜻한 느낌까지 주기 때문에 더더욱 겨울에 사랑받는 소재지요.
다만 안타까운 점은 드라이가 되지 않아서 리스 소재로 사용하기에는 적당하지 않다는 것입니다. 생각하기에 따라 드라이가 가능하다고 해도 되지만 점점 얇아지면서 살이 빠진답니다. 그래서 생화 디자인 할 때 함께 사용하는 것이 좋아요.

#블랙뷰티같은_장미와_함께_써보면_어떨까요

when to buy: late autumn ~ winter

유칼립투스
Eucalyptus pavifolia
Eucalyptus dominichina
Eucalyptus gunnii
Eucalyptus babyblue
Eucalyptus cinerea
Eucalyptus nicholii

유칼립투스 파블로
PAVIFOLIA / DRY

when to buy: late autumn ~ four seasons

유칼립투스 도미니끼나
DOMINICHINA / DRY

많이들 헷갈려 하시는 유칼립투스 중 두 가지를 소개 할게요. 국산 유칼립투스 중 대표적인 세 가지(구니, 파블로, 블랙잭) 중 가장 튼튼한 그린 파블로입니다. 수명이 가장 길고 병충해에 강한 편이라 장기간 디스플레이 해야 하는 경우에 많이 사용하시는 듯하고, 튼튼하고 긴 수명에 비해 가격은 매우 저렴한 편입니다. 다른 유칼립투스는 은빛의 색상을 띄지만 파블로는 유칼립투스 중에서도 그린 그린 한 색상을 띄고 있어서 쉽게 질리거나 계절을 타거나 하지 않고, 잎이 작아 여리게 보이지만 실제로 직접 만져보면 빳빳합니다. 또한 유칼립투스 특유의 알싸한 향기가 아니라 달달한 냄새를 가지고 있습니다.

다른 유칼립투스보다 조금 특이한 점이 있다면, 열무처럼 혼자서 열을 내는 소재라 밀집 시켜놓으면 열에 의해 소재가 손상되기도 해요. 열에 약하다는 건 드라이 시키면 색이 변한다는 뜻이기 때문에 드라이는 가능하지만, 별로 예쁘지 않은 관계로 추천하지는 않습니다. 파블로의 빳빳함이 싫으시다면 도미니끼나를 추천합니다. 파블로와 도미니끼나의 차이점은 유연성인데 파블로는 줄기부터 잎까지 매우 빳빳하지만 도미니끼나는 니콜과 같이 라인이 살아있고 내추럴해요. 다만 니콜보다는 작은 잎 사이즈로 파블로의 잎 사이즈와 똑같습니다. 살랑살랑 흔들어보면 파블로인지 도미니끼나인지 알 수 있어요.

#곤충박사_파브르_아니고
#타블로_동생_파블로
#도미니끼나는_이탈리어입니다

when to buy: when imported

42

유칼립투스 구니
GUNNII / DRY

when to buy: late autumn ~ four seasons

유칼립투스 블랙잭
BABYBLUE / DRY

은빛을 띠고 있는 블랙잭은 유칼립투스 중에 가장 스테디셀러입니다. 유칼립투스 오일이나 방향제의 향이 블랙잭과 제일 비슷하다고 볼 수 있습니다.

대표적인 유칼립투스 3가지 중 하나로 가장 많은 소비량을 보이는 만큼 대중적인 소재입니다.

하루에 300단 이상 팔리는 소재이며, 베이비블루라는 귀여운 영어 이름을 가지고 있습니다.

보통 유칼립투스 하면 떠올리는 그 모습이 블랙잭의 모습이며, 스테디셀러 소재답게 유칼립투스의 특징을 완충하고 있어요.

단단한 가지에 동글동글한 잎들이 옹기종기 모여 있는 블랙잭은 은색 빛이 있으며, 매우 끈적끈적한 오일리 함 그리고 풍부한 향이 있어 방향제의 원료로 많이 사용합니다.

엄청 찐득거려서 소재를 한번 다듬고 나면 손이 온통 끈적거리며 향기가 손에 배는데 블랙잭의 오일 때문이에요.

여기서 잠깐~! 제주 블랙잭이 일반 블랙잭과 다른 점을 알려드리자면 일반 블랙잭의 잎은 동글동글하지만 제주도에서 재배된 블랙잭은 잎의 끝이 조금 뾰족한 게 마치 물방울을 닮은 모습으로 구분할 수 있습니다.

#잭블랙아니고_블랙잭
#영명은_한없이_어리여리한_베이비블루
#드라이해도_너무_예뻐
#혹자는_말하네요
#블랙잭을_다듬은날은_자기전까지_손에_향기가_맴돌고
#술까지_마신날은_속이_뒤집어지며
#직업에_대해_다시_생각하게_된다네요
#집에_계시는_김혹자

when to buy: four seasons

ANOTHER
잭, 제주블랙잭

유칼립투스 시네리아
CINEREA / DRY

수입 유칼립투스의 대표 주자 시네리아입니다. 생긴 게 수입 수입스럽게 생겼죠? 대부분 네덜란드, 이탈리아, 남아공에서 많이 들어옵니다.
드라이해도 색의 변화나 형태 변형이 적어서 드라이플라워로도 인기가 많고 향도 적당히 있는 편입니다.

#자이언트유칼립투스랑_닮았어요
#그러나_잎이_좀_더_작아요

when to buy: four seasons

유칼립투스 니콜
NICHOLII / DRY

주 수입처가 이탈리아와 남아공인 니콜은 중국에서 들어오는 다이브즈나 그라블루스와 많이 혼동하는 소재입니다. 잎의 느낌이 야들야들하고 능수버들처럼 늘어지는 맛이 일품이며, 꽃과 잘 어울리는 잎의 컬러는 덤이고 드라이도 잘 됩니다.

그래서 내추럴한 드라이 리스를 좋아하는 분들은 니콜을 많이 사용합니다.

그리고 보니 유칼립투스도 크게 두 종류로 나누어 볼 수 있겠네요. 빳빳하고 찐득한 전형적인 유칼립투스 라인과 유칼립투스라고 미리 귀띔하지 않으면 모를만한 내추럴하고, 컬러도 다양한 유칼립투스 라인으로 말이죠. 여러분들은 어떤 스타일의 유칼립투스를 좋아하시나요?

when to buy: four seasons

산동백
Lindera obtusiloba

ANOTHER
생강나무

47

산동백
KOREAN SPICEBUSH / DO NOT DRY

생강나무는 생강의 나무가 아니고, 새로 잘라 낸 가지에서 생강 냄새가 난다고 생강나무라고 합니다.
계곡이나 숲속의 냇가에서 주로 자라는데, 한국·일본·중국에서 많이 볼 수 있고 연한 잎은 먹을 수 있으며 열매에서는 기름을 짜서 쓸 수 있다고 합니다.
생강나무 열매로 머릿기름을 만들어 사용하기도 하는데 이것은 동백나무 열매를 짜서 머릿기름을 만들어 사용하는 것을 보고 사용하기 시작한 거라고 합니다.
노란색의 아주 작은 꽃들이 여러 개 뭉쳐 꽃대 없이 달렸는데, 산수유와 닮은 꽃이어서 혼동하기도 합니다.
자 그런데 여기서 산수유랑 구분하는 방법을 알아보면, 생강나무는 수피가 매끈하고 산에서 자생을 하며 수피를 살짝 긁어 보면 생강 냄새가 난다는 것이 특징이에요.
산수유는 해가 잘 드는 곳에 사람이 키워야만 번식하는 중국 식물인데, 생강나무는 스스로 성장하는 우리 나라 출생의 강한 친구라서, 생강나무를 만나려면 반드시 산으로 들어가야만 해요.
산수유처럼 마을 근처에서 만나는 일은 굉장히 드물다는 것을 생각해보면 사람의 간섭을 싫어한다는 것이랍니다.
또한 생강나무는 벚나무나 개나리보다 먼저 꽃을 피워 봄을 알리며 생강나무가 지고 나면 그다음에 진달래 종류가 배턴(baton)을 이어 받는답니다.

#내년에는_봄이_오기전
#개나리보다_먼저_피는_생강나무를_찾아보세요

when to buy: winter ~ late spring

산수유
Cornus officinalis

48

산수유
JAPANESE CORNEL / DO NOT DRY

산수유는 봄을 알리는 대표적인 꽃나무입니다. 산수유의 꽃도 생강나무의 꽃과 마찬가지로 노란색이에요. 구례가 산수유를 대표하는 마을로 널리 알려져 있습니다. 꽃이 지고 초여름이 되면 연한 연두색 잎들이 피어나며, 가을이 되면 이파리도 함께 예쁘게 물들고 열매가 열리기 시작해요.
열매는 10월쯤이 되면 아주 빨간 타원형으로 무르익으며 마치 저 어릴 때 많이 먹던 젤리빈과 똑같이 생겼답니다.
봄에 들어오는 산수유의 양보다 가을에 들어오는 열매 상태의 산수유가 훨씬 양이 적어요.
그리고 그 맘 때에는 산수유와 비슷한 불그스름한 열매의 소재들이 너무 많기도 해서
열매가 달린 산수유를 아예 기억하시지 못하는 분들도 많으시죠.
다음 가을엔 유심히 살펴보시다가 꼭 사용해보시길!

#여보_내년엔_구례를_다녀와봐야겠어요
#함께_가실분

when to buy: late winter ~ spring

레몬잎

ANOTHER
살라스

레몬잎
LEMON LEAF / DO NOT DRY

레몬잎은 레몬의 잎이어서 레몬잎이 아니에요. 레몬 모양을 닮은 잎이어서 레몬잎이랍니다. 이 정도는 모두 알고 계셨죠? 어이쿠!! 모르셨다고요?
자 이제부터 시작입니다. 레몬잎의 본명은 주변에도 아는 이가 별로 없더라고요. 제가 시원하게 알려드리겠습니다. 바로 레몬잎의 원래 이름은 살라스이며 샬론, 가울테리아라고도 부릅니다. 놀라운 건 레몬잎이 진달래과라는 사실입니다.
우리 모두 레몬잎의 꽃은 한 번도 본 적이 없는데, 너무너무 예쁜 하얀 은방울꽃 같은 꽃이 대롱대롱 달립니다. 시장에는 꽃이 없는 관엽 상태로 들어와 판매가 되기 때문에 꽃을 보기가 어렵답니다.
레몬잎의 수명은 한 달은 기본으로 유지되며, 점점 검은 반점이 생기며 말라 갑니다.
레몬잎의 대박 비하인드 뉴스는 바로 잎꽂이가 된다는 것인데, 레몬잎을 하나하나 뜯어 그 상태로 물에 한동안 담가놓아 보세요.
레몬잎과 줄기가 이어져있던 바로 그 부분에서 뿌리가 나오는 것을 볼 수 있을 거예요.

#반전의_반전을_거듭하는_살라스
#자_인제_레몬잎정도는_농사지어볼까요

when to buy: four seasons (except june)

섬담쟁이
Hedera rhombea

ANOTHER
송악

섬담쟁이
SONGAK IVY / DO NOT DRY

열매 맺는 소재 중 내추럴한 느낌이 조금 떨어지는 섬담쟁이는 열매가 모여 있는 모습이 엄청 딱딱한 느낌으로 매달려있어요.
섬담쟁이와 헷갈려 하는 소재가 바로 애정목인데요 섬담쟁이를 잘 구분하시라고 특징을 정리해보면, 딱딱하게 모여서 열린 열매들 밑으로 잎들이 받치고 있는 모양과 가지들도 빳빳하게 뻗어 나오는 것 정도만 알고 계셔도 쉽게 구분할 수 있을 거예요. 겨울에도 판매가 되는 소재라 플로리스트 분들이 드라이 리스를 만들때 이 섬담쟁이를 넣기도 하는데요 드라이가 안되는 소재이니 참고하세요.

#올망졸망한_검은_열매들
#애정목과_비교해서_기억해보십시오.

when to buy: winter ~ spring

janv

dimanche	Lundi	mardi	me
	1	2	
7	8	9	
14	15	16	
21	22	23	
28	29	30	

STORY 03

동백나무
Camellia japonica

51

동백나무
COMMON CAMELLIA / DO NOT DRY

제주산 필러 소재 중 top5 안에 들어가는 동백나무입니다. 많은 분들이 애용하는 소재로 제주도에서만 오는 것이 아니라 한반도 남부 지방에서 올 때도 있습니다.

잎이 광택제를 뿌려놓은 듯 번들번들한 것이 특징이며, 뒷면은 연한 그린입니다. 잎 색이 노란색을 띠는 것도 많은데, 이것은 자랄 때부터 노란색을 가지고 있는 것이니 상태 안 좋다고 괄시하지 마시고 디자인에 따라 이용을 부탁드립니다.

가지는 회갈색을 띠고 있어서 가지만 따로 사용하기도 좋은데요 꽤 단단해서 자를 때 두꺼운 가지를 자를 수 있는 전지가위가 필요할 수도 있습니다.

꽃이 잘 안 핀다는 분들이 많으신데, 동백꽃은 온도가 낮고 습해야 잘 핀답니다. 원래 개화시기가 겨울이니까요. 환경을 잘 맞춰 주시면 예쁜 꽃을 보실 수 있습니다. 꽃이 안 피더라도 슬퍼하지 마세요, 주변에 못 피운 분들이 더 많으니까요.

천리향, 서귀목, 재밥나무, 송악과 함께 제주산 소재 동백나무 많이 좋아해 주세요.

#동백은_카멜리아힐에서_보는거죠_뭐
#시장에서는_푸르디푸른_이파리만_보는걸로

when to buy: four seasons

육송
Pinus densiflora

ANOTHER
적송, 여송, 조선소나무

육송
KOREAN RED PINE / DO NOT DRY

when to buy: new year

해송
Pinus thunbergii

ANOTHER
금솔, 왕솔, 가지해송
곰반송, 흑송

해송
BLACK PINE / DO NOT DRY

육송과 해송은 모두 소나무 친구들입니다. 육송과 해송을 비교하는 방법을 알려드릴게요. 육송은 해송에 비해 잎의 색깔이 연하고 부드러워요. 해송은 잎의 색깔이 진하고 육송에 비해 엄청 억세고 딱딱합니다.
육송은 우리나라의 대표적인 소나무 중 하나인데요, 육송과 해송을 쉽게 구별하시는 방법은 대표적인 이름 말고 다르게 부르는 이름을 외우는 것이 쉬울 수 있습니다.
해송의 다른 이름은 곰솔, 흑송 등이 있어요. 해송은 육송에 비해 억세고 곰 같다고 해서 곰솔이라고 하고, 해송의 줄기가 검은색을 많이 띠고 있어서 흑송(검은 소나무)이라고도 합니다.
해송은 아무래도 해풍을 많이 맞고 자라 육송보다 더욱 강한 잎을 가지게 되었어요. 모진 풍파를 겪으면 강해지듯 해송이 그런 케이스죠. 육송은 따뜻한 내륙지방에 고생 없이 살고 있어서 해송에 비해 여리고 부드럽습니다. 적송이라고도 부르는 이유는 줄기가 붉은 색을 띠고 있기 때문이죠.
이제 조금 해송과 육송이 구분이 되셨나요?

#모진풍파를_겪고_강인해진_해송이
#마치_나의삶같구나
#전_김해송입니다
#우리집_그녀는_김육송
#김육송씨는_오늘_파리행티켓을_끊었어요
#육송이_부러운_해송

when to buy: new year

신종 루스커스
Ruscus aculeatus

ANOTHER
루스쿠스 아쿨레아투스, 이탈리안 루스커스

54

신종 루스커스
BROOM BUTCHER'S / DO NOT DRY

루스커스는 레몬잎 만큼이나 소재집에 진열되어있는 스테디셀러 중 하나입니다. 레몬잎 보다는 훨씬 잎의 크기가 작고 줄기에 다닥다닥 붙어있으며 잎의 광택이 좋아요. 잎 사이즈로만 보면 레몬잎보다는 레몬트리와 더 비슷하죠.
잎 색은 레몬잎, 레몬트리보다 훨씬 더 연둣빛이에요. 루스커스의 특이한 점이 있다면 잎 가운데에 작은 혹 같은 게 있다는 건데요 혹이라기보다는 뭐라고 해야 할까? 마치 터지기 일보직전의 뽀드락지라고 하는 게 더 맞겠네요.
루스커스의 열매는 아주 빨갛고 단단해요. 크리스마스의 느낌을 주기 때문에 크리스마스베리라고도 부릅니다. 루스커스가 조금 아쉬운 점은 줄기가 너무 빳빳하다는 점이에요. 조금만 더 내추럴하고 라인이 살아있었으면 더 인기 있었을 거예요..라고 말하는 순간 그래서 나온 게 신종 루스커스죠.

신종 루스커스는 일반 루스커스보다 잎의 크기가 조금 더 작고 잎의 끝이 뾰족하며 가지가 여러 갈래로 뻗어 나가있습니다. 신종 루스커스는 짧은 스마일락스의 느낌이에요.
신종 루스커스를 루스커스라고 생각하지 못하고 새로운 소재라고 여기는 분들이 많은데요 이름 듣고 허탈해 하시는 분이 참 많습니다.

#당당하게_구분해봐요_이제
#루스커스_헤쳐모여

when to buy: four seasons

엽란
Aspidistra elatior

엽란
ASPIDISTRA ELATIOR / DO NOT DRY

엽란은 소재집의 조상님 같은 소재예요. 그만큼 오랫동안 사랑받고 있는 소재입니다.

엽란의 잎은 진녹색으로 광택이 나며 크기는 45cm 정도 자랍니다. 엽란도 꽃을 피우긴 하는데 갈색 꽃이 피며 성장이 왕성하고 저온에 강합니다. 꽃은 4월에 피고, 주로 제주도와 거문도에서 자생합니다.

현재 절엽으로 나오는 것은 진한 녹색 잎의 무지 엽란, 줄무늬가 들어 있는 무늬 엽란, 잎의 면 전체에 별 모양의 반점이 있는 마쿨라타 엽란, 잎의 선단으로부터 아래로 향해서 흰 반점이 들어 있고 혼합된 아사히 엽란 등이 있습니다. 모두 알고 계실 거라고 믿어요.

그런데 언제부턴가 엽란 왜 많이 안 쓰세요? 엽란이 여러분들이 보고 싶다고 합니다. 엽란을 이용한 화기 센터피스, 섹션 핸드타이드 등 응용할만한 디자인이 많으니 자주 찾아주세요.

#조상님들_여름엔_더우셔서_쉽게_노랗게되세요
#에어컨_빵빵하게_틀어드려야겠어요

when to buy: four seasons

낙엽송
Larix kaempferi

ANOTHER
일본잎 갈나무

낙엽송
JAPANESE LARCH / DRY

시장에서 만나는 낙엽송은 나뭇가지에 작은 솔방울이 달린 모습이에요. 그래서 간혹 오리목이랑 헷갈려 하시는 분이 많습니다. 작은 솔방울로 보이는 그 열매는 정말 솔방울이 맞아요. 열매가 맺히기 전 낙엽송의 모습은 조금 특이한데요 열매가 맺히는 자리에서 솔잎이 팡팡 터지는 모습입니다.
오리목은 살짝 찐득찐득 끈적끈적한 게 묻어 나오지만 낙엽송은 전혀 그렇지 않아요. 열매는 드라이가 된 느낌이고, 가지는 생각보다 매우 말랑말랑합니다.
일본의 특산종이라고 낙엽송이 일본에서 수입되어 들어오는 것은 아닙니다. 1920년대에 일본에서 도입해 우리나라에서도 키우기 시작했으며, 시장에 들어오는 낙엽송은 당연히 국산입니다.
오리목은 많이 알고 있는 반면 낙엽송은 잘 모르시는 분들이 많습니다. 드라이 리스 만들 때 낙엽송을 한 번 사용해보세요. 오리목보다 좀 더 내추럴하게 연출할 수 있습니다.

#낙엽이_가득해서_낙엽송이_아님
#오리목을_향한_사랑을_나눠주세요

when to buy: autumn ~ winter

크립토메리아
Cryptomeria japonica

크립토메리아
JAPANESE CEDAR / DRY

삼나무 중 하나인 크립토메리아는 이름이 익숙하지 않아서 그렇지 눈에 많이 익은 소재입니다.
갈변되는 기간이 국내산 삼나무하고 거의 비슷합니다. 다만 좀 더 짧게 잘라오기 때문에 물올림이 국내산 삼나무 보다 좋다는 장점이 있습니다. 한겨울에 많이 구매하는 크립토메리아는 이탈리아산인데 부들부들한 것과 짧게 자른 것을 제외하고는 국내산 삼나무와 비슷해요.
수입하는 소재라 가격이 좀 비싼 게 흠이긴 하시만 아스파라거스 대용으로 쓰기에 좋은 소재입니다. 요즘 핫한 소재는 거의 수입 소재예요. 국내에서는 이만큼 예쁘고, 센스 있는 어레인지를 할 때 필요한 소재들을 못 만드는지 가끔은 참 속상합니다.

#크린토피아_아니고_크립토메리아
#얼렁뚱땅_읽지마요
#로즈마리랑_혼동하지_않기

when to buy: sometimes

목련
Magnolia kobus

ANOTHER
목련나무

목련
KOBUS MAGNOLIA / DO NOT DRY

봄을 알리는 꽃나무 중 하나인 목련이에요. 하얀 꽃이 피는 나무와 붉은 꽃이 피는 나무가 있는데, 붉은 꽃이 피는 목련을 자목련이라고 부릅니다. 작은 솜털 뭉치가 점점 부풀어 오르다가 솜털 껍데기가 떨어지면서 꽃이 피기 시작해요. 처음엔 상상 못했던 크기의 꽃이 피어납니다. 그냥 목련이건 자목련이건 꽃의 질감은 매우 매트해서 마치 조화 같지만, 아주 작은 흠집에도 검게 변하는 예민한 꽃이에요.
피어있는 것보다는 피어있지 않은 목련을 구매해서 예쁜 꽃이 피자마자 흠집이 생기지 않도록 최대한 빨리 사용하시는 것이 목련을 가장 잘 사용하는 팁입니다.

#목련껍데기_쓸어담느라_골칫덩어리
#바닥에_떨어지면_다행이죠
#물통에_들어가면_어휴

when to buy: late winter ~ spring

능수버들
Salix pseudolasiogyne

능수버들
KOREA WEEPING WILLOW / DO NOT DRY

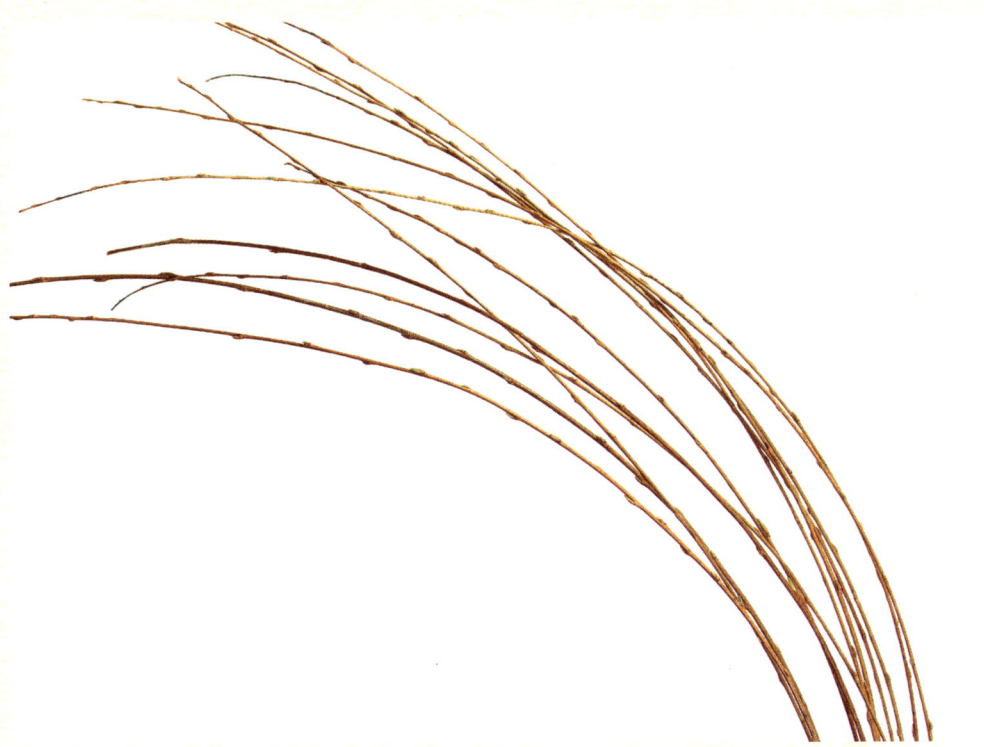

수양버들과 똑같이 가지가 밑으로 처지듯이 자라는 버드나무예요. 아주 큰 차이가 없어서 비교하기가 조금 힘들어요.
능수버들(이명:수양버들)은 한국이 원산지이고 어린 가지가 황록색이며, 수양버들(이명:참수양버들)은 중국이 원산지이고 어린 가지가 적갈색이에요.
수양버들이건 능수버들이건 그 자체만으로 참 자연스럽고 다른 버들에 비해 라인이 살아있기 때문에 여러 작업에 사용됩니다.

#모든걸_다_알수는_없어요
#아임_낫_티처

when to buy: autumn ~ winter

뽕나무
Morus alba

ANOTHER
오디나무, 새뽕나무

60

뽕나무
WHITE MULBERRY / DO NOT DRY

우리나라에는 여러 종류의 뽕나무가 있습니다. 뽕나무 잎은 누에의 먹이가 되고 열매는 우리들이 먹는데, 그것은 바로 빨간색의 새콤달콤한 오디입니다.
뽕나무는 빨간 열매가 달렸을 때가 제일 예쁜데, 시장에서 그 모습은 보기 힘들어요.
아마도 열매가 잘 떨어지고 터지고 해서 유통의 어려움 때문일 거라고 생각합니다. 아쉽긴 하지만 초여름에 잎 달린 모습으로는 볼 수 있는데요 잎도 크고 넓직해서 공간을 채우는 잎 소재로 사용하시기 좋습니다.

#그러고보니_작년에_어디선가_오디를_잔뜩캐온그녀
#희귀소재에_목숨거는_희안한_와이프친구무리들
#기왕이면_그중에서_짱먹어라
#집에_벌레꼬이게만_하지마

when to buy: four seasons

화살나무
Euonymus alatus

ANOTHER
참빗살나무, 홋잎나무

화살나무
BURNING BUSH SPINDLETREE / DO NOT DRY

화살나무는 가지도 특이하고 잎도 매력 있는 소재예요. 가지가 말라있는 것처럼 보이지만 살아있는 소재랍니다. 봄이 되면 그 말라 보이는 가지에 새순이 돋기 시작하는데요 잎이 커질수록 바깥으로 둥글게 말리는 느낌이 들어요. 화살나무의 황금기는 가을이고, 갈잎과 쌍벽을 이루며 예쁜 컬러를 보여줍니다. 초록색의 잎이 점점 주황 노랑 해지다 빨개지고 그러다 점점 자주색 보라색으로 바뀌고 나중엔 정말 빈티지한 색상을 내뿜어요. 팍팍!!
예전엔 길거리에 청지목이나 청목 같은 나무들이 많았는데 우리나라도 점점 다양한 종류의 식물을 조경 식재용으로 사용하고 있어서 화살나무도 길거리에서 자주 볼 수 있습니다.
이 시기가 되면 저는 스트레스를 받기 시작하는데요 그 이유는 카멜레온 같은 이 녀석을 주문하시는 방법이 매우 다양하기 때문입니다.

"조금 붉은색으로"
"조금 보랏빛이 도는 애로요"
"아직 물 안 든 그린 색은 끝났어요?"
"알록달록한 걸로 골라주세요"

#커밍아웃할게요
#저는_색맹입니다
#정말_저한테_왜이러세요
#화살로_쏴버리기전에_이제그만

when to buy: four seasons

석화버들
Salix udensis

석화버들
PUSSY WILLOW / DO NOT DRY

석화버들은 화살나무의 가지와 매우 비슷한 비주얼을 가지고 있어요. 조금 특이한 점이라면 줄기의 끝이 구불구불 굽어져 있습니다. 그런 줄기들에서 무분별하게 작은 가지들이 뻗어져 나오는데 거기에 솜털 같은 꽃망울들이 마구 달려 나와요. 좀 괴상한 모습이기도 해서 징그럽다고 얘기하시는 분들도 있지만 나름 매력적인 소재입니다.
인기가 많은 소재는 아니지만 가끔 어레인지에 넣으면 빈티지한 라인 살리기에 좋지 않을까요?

#버들계의_할아버지같은_느낌이랄까
#산신령이_들고있는_지팡이_모습이_떠올라요
#뽕나무처럼

when to buy: late summer ~ spring

말채
Cornus

ANOTHER
흰말채나무, 붉은말채, 노랑말채

흰말채 • 붉은말채
RED-BARK DOGWOOD•BLOOD-TWIG / DO NOT DRY

말채나무는 대부분이 계곡에서 자랍니다. 사진 속 겨울의 말채나무는 너무 볼 품 없지요? 겨울을 지나면서는 줄기에서 붉은색의 가지가 나오고 가지에서는 잔털이 보송보송하게 겨울눈이 나와요. 겨울눈에서 연두색 어린잎이 나오면 꽃봉오리도 함께 맺혀요. 초여름쯤 되면 꽃봉오리들이 커지면서 아주 작은 하얀 꽃들이 피는데, 꽃 핀 말채나무의 모습을 멀리서 보면 아주 장관입니다. 늦여름이 되면 꽃이 지고 그 자리에 열매가 맺힌 후, 꽃대와 가지는 날이 추워질수록 점점 붉어집니다. 말채 열매는 가을이 되면 애정목과 비슷하게 검은색으로 익어가고, 꽃대는 완전 빨간색이 돼요. 이게 말채의 한 해 모습이에요.

책으로 소재 공부하신 분들은 말채나무를 계절별로 사용해보시는 것도 좋을 거예요. 많은 분들이 가지만 있는 말채나무의 모습을 알고 있고 잎이 무성하게 달려 있는 말채나무 소재의 모습을 아시는 분은 많지 않아 안타깝습니다.

말채나무의 가장 큰 매력은 터프한 모습의 줄기 껍질이에요. 겨울이 깊어질수록 줄기의 껍질이 갈라져 툭툭 터져요. 그 모습이 여느 다른 나무보다 러프하고 멋스럽습니다.

#여름계곡에_가시거든_말채나무를_찾아보아요
#시장에선_찬밥이지만_매력가득하신_몸입니다
#흰말채나무_Cornus alba L.
#붉은말채나무_Cornus sanguinea L.

when to buy: four seasons (except june&july)

서귀목
Myrica rubra

ANOTHER
소귀나무, 석이목, 석이나무

서귀목
WAXBERRY TREE / DO NOT DRY

서귀목은 정말 논란이 많은 이름 중 하나예요. 서귀목이 궁금해서 서귀목을 검색하면 자료가 별로 안 나올 거예요. 왜냐하면 정확한 이름은 정말 뜻밖이거든요.
서귀목의 원래 이름은 소귀나무입니다. 그렇다고 해서 다른 이름들이 틀린 건 아닌 거 같아요. 이름을 부르면서 변형이 된 것도 아니고 그냥 여러 가지 이름이 있는데 정확한 명칭이 소귀나무인가 봅니다.
서귀목은 잎을 손으로 살짝 비비면 특유의 향기가 있어요. 살짝 알싸하면서 민트향에 가까운 향기입니다.
잎은 광택이 있고 길쭉한 레몬 형태의 잎이 앞 면은 녹색, 뒷면은 연한 녹색으로 되어 있어요.
서귀목의 열매를 시장에서 본 적은 없으실 텐데요 매우 빨간 새초롬한 이미지의 동그란 열매입니다. 베리류와 생김새가 닮았으며 표면에 살짝 하얀 빛이 도는 게 설탕 뿌린 산딸기와 흡사해요.
소재집에서 가장 만만하게 사용하는 스테디셀러 소재들이 있는데 서귀목도 그중에 하나입니다.
저렴한 가격에 단도 크고, 아무 꽃에나 잘 어울리며 특이하지 않은 무난함 등 여러 가지 매력이 있죠.
한 가지 단점이 있다면 드라이가 되지 않고, 까맣게 변색되며 시들어갑니다.
드라이 리스에만 안 넣으신다면 플로리스트에게 효자 역할을 단단히 하는 소재랍니다.

#소귀나무라고해서_소의_귀를_닮은건아님
#이_책을_읽으신_후에는
#소귀나무주세요_라고_주문하기

when to buy: september ~ march

다래덩굴
Actinidia arguta

ANOTHER
다래나무

65

다래덩굴
HARDY KIWI, BOWER ACTINIDIA / DRY

드라이 리스 틀을 만들 때 자주 사용되고 있어서인지 인기 급상승한 다래덩굴이에요.
마사지가 잘 되기 때문에 다양한 형태의 구조물을 만들기에도 좋고 요즘 유행하는 하트 부케의 틀로도 많이 사용됩니다. 곱슬버들보다는 더 단단하고 튼튼해서 유지력이 좋은 소재입니다.

#김알바_스트레스_받게하는_소재중하나
#자기전에도_환청이_들려요
#라인_예쁜거_주세요
#제일_하트모양인걸로_주세요
#자연스럽게_꼬불거리는걸로_주세요

when to buy: four seasons

스마일락스

ANOTHER
스마일락스 아스파라거스

스마일락스
SMILAX / DO NOT DRY

여러분 스마일~ 스마일락스는 잎이 매우 부드럽고 여리여리한 소재입니다. 스마일락스를 처음 구매하시면 좀 특이한 점을 발견하실 수 있는데요. 소재집에서는 여러 가지 덩굴식물을 판매하는데 유독 스마일락스는 얇은 실로 감아져 있어요. 잎이 종이처럼 야들야들 여리여리해서 잘 찢어지는 이유도 있고 유난히 얇은 줄기라 엄청 잘 엉켜서 스마일락스는 실로 작업한 뒤에 판매가 됩니다.

스마일락스의 잎은 변색도 잘되고 물에 오래 꽂아두면 녹이도 해요. 그래서 보통 스마일락스를 물 올릴 때는 신문지나 종이에 감싸 물에 넣어주셔야 변색과 손상을 막을 수 있고, 웬만하면 줄기를 물에 직접 담그지 말고 잎에 스프레이를 수시로 해주는 방법을 추천합니다. 큰 봉투에 스마일 락스를 엉키지 않게 잘 넣어 스프레이로 분무를 충분히 한 뒤 냉장고에 보관한다는 분도 있으니 참고하세요.

스프레이를 잘 해주면 보통 7일 정도 사용할 수 있고, 점점 노란빛을 띠며 시들시들해집니다.
스마일락스는 5줄이 한 단입니다.
플로리스트 분들이 어떻게 쓰시나 유심히 살펴보니 내추럴한 라인을 잡거나, 늘어지는 느낌의 어레인지, 아치 같은 곳에도 많이 사용하더군요. 제일 바람직한 사용은 화관 틀이 아닐까 싶습니다.

#우리_와이프랑은_정반대의_느낌이랄까
#왕_튼_튼의_대명사
#그녀의_이름은_앵그리락스

when to buy: four seasons

제니스타
WHITE / PINK

ANOTHER
제니스트라, 지니스트라

제니스타
GENISTRA / DO NOT DRY

아름답지만 속내를 알면 복잡한 녀석 제니스타입니다. 미국에선 Bridal veil broom, white weeping broom 등으로 불립니다.

국내에서 유통되는 제니스타는 거의 이탈리아에서 수입됩니다. 북아프리카에도 많이 있지만 아직 그쪽에서는 수입을 안 하는 것 같습니다.

물올림이 좋은 편이지만 습기 관리가 잘 안되면 곰팡이가 잘핍니다. 시들 때쯤 되면 꽃잎이 흩날리듯 엄청 떨어져요. 너무 잎이 많이 떨어져서 청소하기 바쁘지만 그에 비해 흐드러지는 꽃잎이 나름 참 예뻐요.

신경만 조금 써주면 오랫동안 쓸 수 있는 소재이니 애정을 가지고 관리해주세요. 참! 향긋한 향도 있답니다. 엄청 달콤한 향기예요. 손님들은 향기가 있는 걸 많이 모르시더라고요. 이 글을 읽고 제니스타를 구매하시게 되거든 꼭 향기를 맡아보세요.

#다같이_이해봐요_요렇게
#킁_킁킁_킁킁킁_킁킁킁킁
#향긋한_향이_매력적이에요
#물올림이_좋지만_한순간에_가버립니다
#세심한_습관리가_필요해요
#꽃비와_곰팡이_사이어딘가
#핑크색도_있어요
#노랑_초록_보라색은_염색한거예요

when to buy: winter ~ spring

더글라스
Pseudotsuga menziesii

ANOTHER
Christmas tree,
Fir Douglas, 미송

68

더글라스
GREEN DOUGLAS FIR / DO NOT DRY

겨울만 되면 핫해지는 이 소재가 더글라스입니다. Fir(전나무) 이름 때문에 전나무로 유통되는 것 같은데 실제로는 소나무가 맞습니다.

스코틀랜드 식물학자인 데이비드 더글라스가 발견하여 이름 붙인 것인데, 전나무랑 비슷하게 생겨서 붙인 이름인지는 잘 모르겠지만 Douglas Fir 로 불린답니다. 이명으로는 Oregon pine(오리건주에서 자라서), Columbia pine 등이 있습니다. 원산지는 북아메리카 서부 연안과 로키산맥 근처입니다.

더글라스는 소재로도 인기가 좋지만 목재로써도 최상품에 속한다고 하니 이모저모 쓸모가 많은 나무입니다. 겨울철에 많이 만드는 리스에 쓰기에 아주 적합한데, 국내산 전나무나 주목과는 달리 아주 고르고 쓰기 편한 형태로 되어 있어 쓰레기가 아주 적게 나오는 장점이 있어서 다소 비싼 가격에도 불구하고 많이 판매되는 것 같습니다. 크리스마스트리에 쓰기에도 아주 좋아요.

실제로 사용해보면 의외로 양이 많은 편입니다. 다듬을 것도 별로 없고 단도 튼실해요. 단점은 생긴 것과는 달리 수명이 길지 않습니다. 전나무나 주목 같은 소재들에 비해서 오래 버텨주지 못합니다.

#올해도_하태핫태?
#매년_핫할_예정입니다.
#소나무맞고요_맞습니다.
#저도_사실_알바가_아닙니다.
#저를_처음_알바라부르신분이_있어요.
#뉘신지_기억이_안나요.
#어쨌든_김직원보다는_김알바가_착착감기죠?

when to buy: winter

개나리
Forsythia koreana

개나리
KOREAN FORSYTHIA / DO NOT DRY

봄에 제일 먼저 생각나는 꽃 하면 어떤 꽃이 생각나세요? 저는 개나리가 생각납니다. 조그만 노란 꽃이 스멀스멀 피어나면 날씨도 따뜻해지니 말이에요.
개나리는 동양적인 미모처럼 한방에서 약재로도 많이 쓴다고 하는데, 습진 종기 화농성 질환 발열에 좋다고 합니다. 병충해와 추위에 잘 견뎌 관상용과 울타리용으로 많이 식재되는데 재밌는 것은 번식은 종자로도 하지만 가지를 휘묻이하거나 꺾꽂이해도 번식이 가능해요.

#나리_나리_개나리
#요즘소재들은_뭐든빨라요
#유행도_빠르고
#가격상승도_빠르고_ㅠㅠ

when to buy: late winter ~ spring

줄헤드라

ANOTHER
상록담쟁이

줄헤드라
HEDERA HELIX / DO NOT DRY

우리가 흔히 부르는 아이비는 영문명이고, 한국말로는 상록담쟁이입니다.
NASA에서 지정한 공기정화식물 목록 6번째에 기록되어 있습니다. 잎에 독성이 있어서 동물들에게 유해하며, 이 잎의 독성이 사람들에겐 신경통, 류머티즘, 심한 기침을 완화시키며 그리스 사람들은 중독을 치료한다고 믿었다네요.
열을 떨어뜨리고 벌레를 쫓고 여기서 대박 희소식은 셀룰라이트를 감소시킨다고 합니다. (소재왕 인생에 제일 희소식입니다) 일하면서 야금야금 먹을 수도 없고 밥을 안 먹는 게 최고겠죠.
라인 특성상 러프하고 내추럴하게 쓰입니다. 프렌치 스타일 좋아하시는 분들이 많이 구매해 가십니다.
줄아이비는 길이가 길어서 핸드타이드에 내추럴하게 넣어서 잡아도 예쁘고, 잘라서 센터피스에 사용해도 싱그러운 느낌 내기에 너무너무 좋아요.

#그렇다고_아이비_사다먹으면_안됨
#약장수_아님
#사이비교주도_아님
#세상엔_아이비보다_맛있는게_많음
#셀룰라이트는_우리의_적
#셀룰라이트때문에사가는건아니겠죠.

when to buy: four seasons

곱슬버들
Salix matsudana

ANOTHER
용버들

곱슬버들
DRAGON-CLAW WILLOW, TORTURED WILLOW / DRY

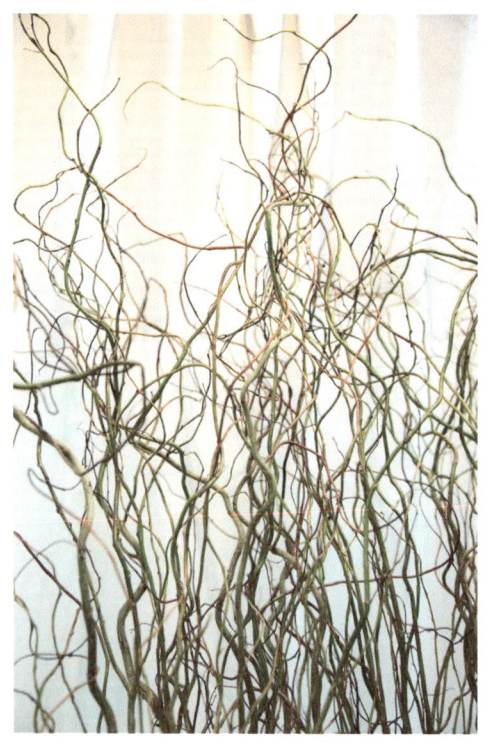
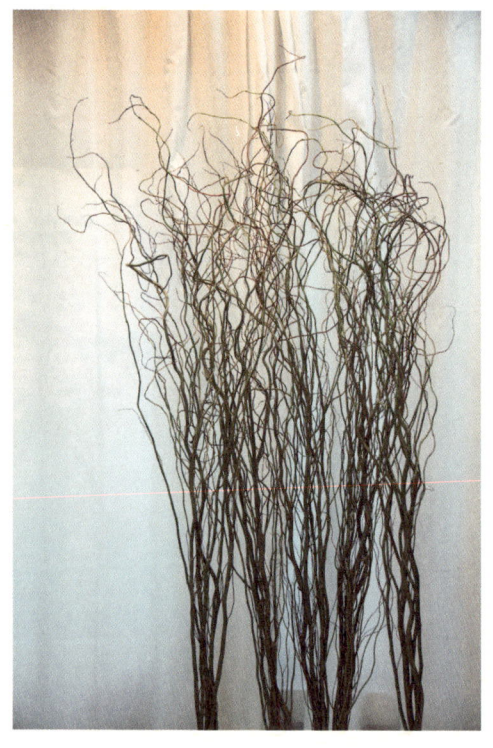

곱슬버들이라고 알고 있는 소재는 사실 이름이 용버들이에요. 더 놀라운 소식은 곱슬버들은 용버들을 북한에서 부르는 이름이래요. 그 밖에 더 재밌는 이름들은 파마한 것 같다 해서 파마버들, 구름 속을 나는 용을 닮았다 해서 일본에서는 운용버들이라고도 불립니다. 라면과 친구할 정도의 꼬불꼬불함을 자랑하는데 버드나무 친구들 사이에서도 형태가 특이한 종으로 꼽힌다고 합니다.

원래 태어난 곳이 북한 압록강 건너 만주이고 1911년에 출생했다고 합니다. 그래서 곱슬버들이라는 이름이 본명이긴 하지만 우리는 남한에 살고 있으니 용버들이라고 불러야 맞겠지요. 현재는 제주도까지 퍼져있고, 시장에서는 365일 내내 자리를 지켜주는 소재입니다.

손의 열기로 마사지를 하면 원하는 형태로 휘어지기 때문에 하트 모양의 꽃다발, 드라이 리스 틀을 제작할 때 유용해서 많은 분들이 구입합니다.

곱슬버들은 관상용으로 물에 꽂아둬도 너무 예쁘고, 물에 두면 뿌리를 잘 내려 새 순을 잘 피워냅니다.

곱슬버들은 암수가 나누어진 버들인데, 꽃 시장에서 보는 곱슬버들은 수그루입니다. 암그루는 굉장히 희귀하다고 해요.

#우리집에도_희귀한_암그루가_하나있죠
#내_배알이_꼬이듯
#꾸불꾸불_뒤틀린
#곱슬버들_너어어
#홍진영_애교_닮고픔
#그럼_좀_사랑해주려나

when to buy: four seasons

홍가시
Photinia glabra

홍가시
PHOTINIA GLABRA / DO NOT DRY

원산지는 중국, 일본이지만 국내에서도 정원수로 많이 심는 홍가시 나무입니다. 가을, 겨울에도 잎이 지지 않는 상록수인데요. 소재 가게에서는 가을을 대표하는 소재 중 하나입니다. 늦여름부터 시작해서 늦가을까지 많은 양이 판매돼요.

홍가시 윗부분이 가을이 되면 좀 더 붉은색으로 물듭니다. 홍가시의 최대 단점은 물내림이 엄청 심하다는 점입니다. 가장 예쁜 위 붉은 부분부터 힘없이 처지기 시작하며 전혀 드라이가 되지 않는 소재입니다.

시간이 지날수록 잎이 점점 검게 변하며 후드드드 떨어지며 시듭니다. 좋은 상태의 홍가시를 고르는 방법은 잎을 보시면 됩니다. 건강한 홍가시의 잎은 반들반들한데요, 다만 너무 반들반들하고 부드러운 잎은 새순인 경우가 많아서 쉽게 물을 빨지 못하여 금방 검은색으로 변하니 이점 유의하세요. 조금 여린 잎은 피해서 구입하세요.

#사실_일년내내_나온다고해도_무방해요
#물올림이_좋지않은편이라_저온에서_관리해주세요
#필러로_쓰기에_유용합니다

when to buy: four seasons

곡파
Allium giganteum

ANOTHER
니크, 곡알리움, 선알리움

곡파
GIANT ALLIUM / DO NOT DRY

알리움(알륨) 중에서도 구불구불해서 곡알리움 또는 선 알리움이라고 부르는 소재입니다. 철사를 손으로 구불구불 만들어 놓은 것처럼 곡선이 무척 예뻐요. 알리움은 일반적인 꽃이나 소재와 다르게 길쭉한 줄기에 보라색 동그란 얼굴이 덩그러니 있어 호불호가 갈리는 꽃이지만, 필러로 쓰기에 좋은 꽃이어서 소재집에서도 취급하고 있어요. 일반 알리움을 잘 안 쓰시는 분도 곡알리움은 예쁘다고 가져가시기도 해요.
가까이서 보면 아주 작은 꽃들이 모여 동그란 얼굴을 만들고 있어요. 줄기를 자르면 마늘냄새, 파 냄새가 코를 찌른답니다. 워낙 오래가는 꽃이기는 하지만 물속 자르기를 하면 수명이 더 길어져요.

#순대국을_부르는_보라돌이
#펴지고_있는_순대속이_떠오르는건_저뿐인가요

when to buy: summer ~ autumn

소리쟁이
Rumex crispus

소리쟁이
CURLED DOCK / DRY

소리쟁이는 산성 토양을 아주 싫어한대요. 산성비 기준보다 산성의 강도가 덜한 습한 입지에서만 산다고 해요. 그래서 대기오염 물질에 노출된 대도시 지역에서는 희귀종이라 할 만큼 드물죠. 서울에는 거의 안 보인다고 봐야 해요. 그보다 더 슬픈 소식은 최근 농촌지역에서도 드물어진다고 합니다. 그만큼 우리나라 농촌지역도 점점 오염되고 있다는 증거겠지요.
생김새는 콘크리트도 뚫고 나오게 생겼는데 약한 식물이네요.

#너는_소리쟁이
#집사람은_잔소리쟁이
#나는_곡소리쟁이

when to buy: summer ~ autumn

쥐똥나무
Ligustrum obtusifolium

ANOTHER
남정목

쥐똥나무
BORDER PRIVET / DO NOT DRY

5~6월이 되면 쥐똥나무의 향연이 시작되는데, 길거리에 쥐똥나무가 많이 눈에 띄어요. 같은 길인데 봄에는 개나리가 많고, 여름엔 쥐똥, 가을엔 화살나무나 남천들이 눈에 띄는 걸 보면 "계절마다 뽑아내고 바꿔 심나?" 생각되지만, 식물에 따라 각자 자기들을 뽐내는 시기가 따로 있습니다.
5~6월의 쥐똥나무의 모습은 푸릇푸릇 한 잎에 하얀 꽃송이가 탐스럽게 달리고, 10월쯤의 쥐똥나무는 까만 열매가 달리기 시작해요. 애정목하고 많이 닮았죠.
쥐똥나무의 별명은 남정목이고 광나무의 별명은 여정목(애정목) 이에요. 쥐똥나무로 불리는 이유는 다 익은 열매가 쥐똥처럼 생겨서입니다. 애정목의 열매보다는 길쭉하고 반질반질 윤기도 흐릅니다.
쥐똥나무의 열매가 남자에게 좋다고 해서 남정목이라고 부른다는데 여정목은 여자에게 좋은 걸까요?

#결국_다르지만_닮아있는_남과여
#요즘_부쩍_우동을_찾아먹는_그녀
#우동_싫어한다더니
#너랑살면_우동만큼은_안뺏길거같았는데

when to buy: summer ~ autumn

STORY 04

미선나무
Abelia mosanensis

ANOTHER
댕강나무, 꽃댕강나무

미선나무(꽃댕강나무)
GLOSSY ABELIA / DO NOT DRY

우리가 알고 있는 미선나무의 원래 이름은 꽃댕강나무예요. 미선나무로 찾으시면 아예 다른 나무가 나와요. 꽃 시장 안에서 꽃댕강나무를 왜 미선나무라고 부르기 시작했는지는 저도 잘 모르겠어요. 아마 처음 유통하시는 분이 미선나무와 헷갈리셨거나, 닮아서 쉽게 그렇게 부르셨거나 둘 중 하나일 거라 추측하고 있습니다.

잎은 봄부터 얼어 죽는 추위 전까지는 길거리에서 볼 수 있어요. 공해에도 매우 강한 편이라 울타리에 식재하거나 통행을 유도하는 길가에 많이 심어져 있어요. 6월-10월 사이에는 연한 분홍색이 비치는 하얀 꽃이 계속 피고 지고하며 오래 볼 수 있는 꽃나무 중 하나입니다.

#미선나무라고_부를땐_한없이_착해보이는데
#꽃댕강나무는_뭔가_오싹하네
#그래서_미선나무라고_부르나

when to buy: late summer ~ autumn

옥잠화
Hosta plantaginea

옥잠화
FRAGRANT PLANTAIN LILY / DO NOT DRY

옥잠화는 어디서나 참 잘 자라는 식물입니다. 다만 오랜 기간 같은 장소에서 기르다 보면 뿌리와 줄기의 번식이 왕성해서 절지를 해주지 않으면 엉킨답니다.
특별한 병충해가 없고 여러모로 참 탈 없이 건강한 식물이지요. 대신 눈이 좀 높으셔서 비옥한 땅을 선호하시며 가난한 땅은 좀 싫어하십니다.
하지만 워낙 성격이 좋으시기에 주변의 흙을 조금 긁어내고 퇴비를 뿌려주면 다시 좋아하십니다.
이 정도 잘 자라주는데 눈이 좀 높으면 어때요?
까칠하면서 눈 높고 손 많이 가는 친구들도 많은데 말이죠.

#딱히_누구라고_밝히진않을게요
#저도_먹고_살아야하니깐요
#얼마전에_보험을_가입했어요
#생명보험은_빼고요_누구좋으라고

when to buy: april ~ june

애정목

ANOTHER
꽝나무, 여정목

78

애정목
JAPANESE PRIVET / DO NOT DRY

쥐똥나무와 너무 닮은 애정목이예요. 애정목의 정확한 이름은 광나무입니다. 광나무 또는 여정목이라고 불리는데, 역시나 애정목이라는 이름은 여정목이 변형된 말이예요.

쥐똥나무와 매우 비슷하지만 다른점은, 애정목의 잎 모양은 쥐똥나무보다는 더 동글동글하고 윤기가 있어요. 그리고 쥐똥나무와 같은 시기에 하얀 꽃이 피지만 쥐똥나무보다 꽃의 양이 더 많아요. 열매는 아니지만 꽃이 주렁주렁 열려있는 느낌입니다.

애정목의 열매는 쥐똥나무 열매랑 사이즈가 비슷하지만 더 동글동글한 모양이고 느낌이고 쥐똥나무처럼 반질반질한 느낌은 전혀 없어요. 열매는 쥐똥나무가 훨씬 윤기가 있습니다. 오히려 희끗희끗하면서도 검은색인 열매 컬러가 마치 매우 작은 블루베리 느낌이예요. 그래서인지 빈티지한 느낌을 표현하기 너무 좋다고 하네요.

올 해는 일주일에 한 번씩 애정목을 사보세요. 예쁜 색 변화를 보실 수 있을거예요.

#애정을_가지고_관찰해요
#누구나_좋아하는_열매소재예요

when to buy: may ~ july(flower)
autumn ~ winter (fruit)

말발도리
Deutzia parviflora

ANOTHER
화이트벨

말발도리
MONGOLIAN DEUTZIA / DO NOT DRY

말발도리는 열매 위쪽이 말굽같이 생겼다고 해서 말발도리라는 이름이 붙여졌다고 해요. 말발도리의 어린잎에는 하얀 솜털 같은 게 있지만 성장하며 시장에 들어올 때쯤에는 점점 사라져 잎의 뒷면에만 살짝 있는 정도가 돼요.
거리에서 하얀 꽃이 만발한 군락이 있다면 말발도리일 가능성이 높아요. 말발도리는 꽃이 엄청 예쁜 것으로도 유명하고 꽃의 양이 풍성해서 꽃 일을 안 하시는 분들도 알고 계신 분들이 많더라고요.
말발도리의 꽃은 하늘 쪽을 보고 피어요. 그래서 피워내는 꽃 양에 비해서 흐드러지는 느낌은 덜해요.
꽃 모양은 많은 꽃잎이 겹겹이 피고, 끝이 뾰족해지는 잎 모양입니다.
말발도리의 최대 단점은 물내림이 너무 심하다는 거예요. 구매하신 후 바로 쓰시길 당부드립니다.

#예쁜애들이_확실히_탈이_많은듯해요
#말발도리는_화분으로_키우기도_어렵다네요
#갈증이_많은_친구에요

when to buy: a brief late summer

등심초
Juncus stygius

등심초
MOOR RUSH / DRY

등심초의 정확한 이름을 골풀(골풀과)이에요. 한의학 쪽에서 골풀을 약재로 쓰는데 그때 골풀을 등심초라고 부르는 듯합니다.
얇고 긴 풀끝에 꽃대들이 달려있어요. 봄이 되면 매우 연한 분홍색의 꽃이 핍니다. 어렴풋이 왕골하고도 닮은 게 같은 과의 풀인듯 합니다.
꽃다발에 넣으면 생각보다 예쁘다고 하시는 분들이 많으셨어요.

#등심은_맛있는거

when to buy: sometimes

오리새
Dactylis glomerata

오리새
ORCHARD GRASS / DRY

#오리새의_첫주자_호남소재

오리새는 유럽과 서아시아가 원산으로 '오처드그라스'라는 이름으로 알려진 식물이에요. 우리나라에 도입되어 야생으로 퍼져나간 것은 최근의 일로 신 귀화식물로 분류됩니다. 1년 전만 해도 귀화 종자이기에 알고 있는 지식이 별로 없었어요. 인터넷에서도 마찬가지였고요. 하지만 그 사이 짧은 기간에 우리나라 전역으로 확산되어, 이제는 어디에서나 쉽게 관찰되기 시작했어요. 그렇다고 아무 땅에서나 살지 않고, 좀 질퍽질퍽한 땅에서 잘 자라요. 마치 오리처럼 말이에요. 이렇게 외우시면 좋을 거예요.

원래 시장에선 흔히 볼 수 있는 소재는 아니었는데 사장님이 심심풀이로 길가에서 꺾어다 소재화 시키셨습니다. 작년과 다르게 올해는 소재집마다 보이기 시작하네요.

when to buy: april~june

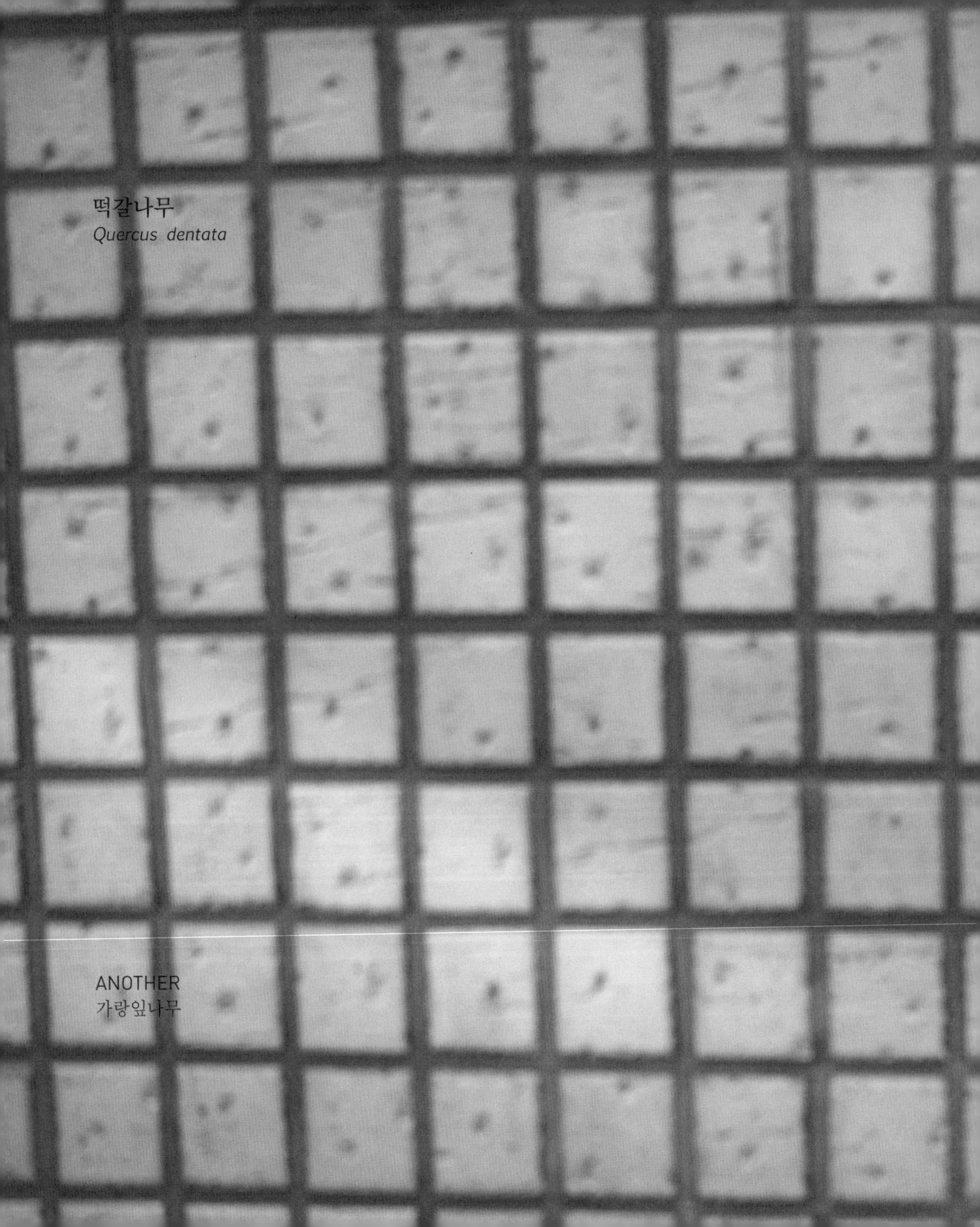

떡갈나무
Quercus dentata

ANOTHER
가랑잎나무

82

떡갈나무
DAIMYO OAK / DO NOT DRY

#소재부케_만드실때_꼭_넣어보세요

떡갈나무는 떡갈고무나무랑은 아예 다른 나무입니다. 떡갈나무는 참나무과이고, 떡갈고무나무는 말 그대로 고무나무과입니다.
떡갈이란 잎이 두껍기 때문에 생긴 이름이라고 하는데 이 소재는 사실 잎이 그렇게 두꺼운가 싶기도 해요. 두껍다기보다는 다른 소재의 잎보다 크기가 커서 큼직한 꽃다발이나 꽃바구니 채울 때 요긴하게 사용됩니다. 여름에 소재집에 들어오는 떡갈에도 열매가 달려있긴 하지만 아주 작은 연두색의 동그랗고 딱딱한 열매예요. 그 열매는 10월쯤 익기 시작하고, 그것은 바로 도토리가 됩니다.
떡갈나무의 톱니바퀴 같은 잎 모양이 꽃을 좀 더 고급스럽게 보여주는 것 같기도 하고, 밋밋하지 않아 좋습니다. 다만 떡갈잎이 흠집이 잘 나는 편이라 구매하시면 꼭 다듬어서 쓰시길 권장합니다.
무턱대고 쓰다간 손님에게 폭격 맞을지도...

when to buy: late spring ~ autumn

에뮤패더

에뮤패더
EMUFEATHER / DRY

꽃 시장에서 핫한 소재. 바로 에뮤패더!
2016년쯤 수입되어 약간 시간이 흘렀는데 아직도 이름을 어려워하시는 분들이 많아요.
호주에는 에뮤(emu)라는 타조 같은 동물이 있는데, 그 녀석의 털(feather)이랑 닮아서 이런 이름을 가지게 됐다고 추정해 봅니다. 그러므로 호주산이고요.
호주에서 수입을 할 때는 일정량의 무게 이상을 수입해야 되는데, 요즘엔 특별히 수입할만한 소재가 없어서 인지 격주로 들어오고 있습니다.
평소에 써보고 싶으셨던 분이라면 꽃 시장에서 보이는 즉시 구입하세요. 하늘하늘한 느낌이 일품이므로 페니쿰과 비슷한 용도로 사용하시면 좋습니다.

#그러나_우리는_에뮤를_본적도
#그의_털을_본적도
#없다는게_함정

진달래 · 철쭉
Rhododendron mucronulatum
Rhododendron schlippenbachii

84

진달래
KOREAN ROSEBAY / DO NOT DRY

철쭉
ROYAL AZALEA / DO NOT DRY

진달래와 철쭉은 비교해줘야 제맛이죠. 웬만해서는 잘 구분하기 어려운 소재들 중 하나인데요 사실 꽃 얼굴만 떼어 놓고 보면 구분하기 힘들어요.
진달래와 철쭉을 구분하는 가장 쉬운 방법은 두 가지가 있는데, 첫 번째는 잎 모양이에요. 둘이 꽃은 너무 비슷하게 생겼지만 잎모양은 전혀 다릅니다. 진달래의 잎은 빳빳하며 아주 길쭉한 레몬 모양이라고 해야 할까? 레몬트리와 비슷한 잎모양이지만 레몬트리보다는 작아요. 철쭉의 잎 모양은 목련이 지고 난 후 목련의 잎 모양과 비슷해요. 목련의 작은 버전이랄까? 동그란 잎들이 옹기종기 뭉쳐서 나옵니다.
두 번째 차이점은 진달래 같은 경우에는 봄이 되면 꽃이 먼저 피고 꽃이 지면, 새 순이 올라오는데 철쭉은 잎과 함께 꽃이 핍니다.

#두고볼거에요
#얼마나_잘_기억해주는지

when to buy: late winter ~ spring (flower)
spring ~ summer (leaf)

그린훅・레드훅

그린훅 · 레드훅
GREEN HUCKLE BERRY · RED HUCKLE BERRY / DO NOT DRY

훅은 허클베리의 줄임말이에요. 허클베리는 우리나라 말로는 월귤나무입니다. 잎이 귤과 비슷하다는 뜻에서 붙여진 이름으로 추정되는데 이게 정확한지는 잘 모르겠어요.
월귤나무의 잎이라고는 하는데 수명이 꽤나 긴 편입니다.
엄청 빳빳한 느낌이며, 작은 잎들이 가지런히 잘 정열된 모습이죠. 레몬잎을 즐겨 쓰시는 분들은 대용으로 쓰기 괜찮을 것 같아요.

#당연히_레드훅은_빨간잎이겠죠?

when to buy: winter ~ spring

유사

유사
DRY

산호수
Ardisia pusilla

산호수
SMALL CORALBERRY / DO NOT DRY

산호수의 영문명이 너무 귀엽네요. '스몰 코랄 베리'
그렇지만 열매 색깔이 코랄보단 레드에 가까워요. 산
호수의 가장 큰 특징은 매우 조화처럼 생겼다는 거죠.
잎의 질감이 빳빳하면서도 빤질하고 색깔도 무언가
자연스럽지 않다고 해야 할까요?
어릴 적 어항 속에 많이 넣었던 조화 잎처럼 생긴 게
여러모로 생화 같지 않은 모습이에요. 그래서인지 관
리도 매우 쉬워요. 아무 데서나 춥지만 않으면 잘 자라
고 번식도 잘 합니다.
아주 연한 분홍색의 꽃도 피는데 절지 상태에서 꽃은
잘 못 보는 것 같아요. 꽃이 피기 전 그린 그린 한 상태
가 디자인하기에 좋기 때문일 거예요.
산호수라고 이름을 붙이게 된 이유는 산호수의 열매
가 바닷속 산호를 닮아서라고 합니다.
열매는 또 조화 같지 않고 매우 청초한 앵두 같은 느낌
의 빨간색입니다.

#많이들_안쓰는_소재중_하나에요
#누군가_유행의_선두주자가_되어보세요

when to buy: summer

갈대
Phragmites communis

갈대
COMMON REED / DRY

갈대를 모르는 사람은 거의 없을 거예요. 다만 갈대를 잘 구분하시는 분들은 거의 플로리스트 분들이죠. 또는 저처럼 고향이 시골이신 분들?
도시 분들은 아무래도 자연과 밀접하지 못하다 보니 갈대, 억새, 강아지풀, 팜파스, 버들 같은 소재 구별이 어렵다고 하시더라고요. 가을을 대표하는 소재이기는 하지만, 가을에만 볼 수 있는 소재들은 아닙니다.
갈대의 줄기는 얇고 빳빳하고 곧으며 중간중간 가로 줄무늬가 있고 붉은색이 도는 부분이 있어요.
갈대의 잎이 터져 나오는 부분이 좀 붉은색이 도는데 이유는 갈대의 잎 주머니 색깔이 붉은색이기 때문입니다. 갈대의 꽃대는 매우 풍성해요. 그래서 뒤집어 거꾸로 들면 빗자루랑 똑같은 느낌이에요.
공부를 하다 보니 갈대의 종명 콤무니스(communis)는 덩어리(clump)를 이루는, 무리를 이루고 사는 (gregarious), 흔해서 평범한(common), 이 세 가지 의미가 있는 라틴어라고 해요.
갈대는 지구상 모든 습지에서 관찰되는 진정한 범세계적인 종이라고 합니다.

#이것은_죽은것도_살아있는것도_아니여
#물에_담그나_안담그나_똑같은느낌

when to buy: april ~ september

아스파라거스
Asparagus officinalis

ANOTHER
방울빗자루, 볏짚두름, 멸대, 열대

아스파라거스
ASPARAGUS OFFICINALIS / DO NOT DRY

라인이 살아있는 하늘하늘한 소재를 찾으신다면 바로 이 아스파라거스입니다. 한국 이름은 방울빗자루이며 식용 채소로 많이 재배합니다.

원산지는 아시아 포함 아열대 지방이나 남부 유럽과 영국에서 많이 재배합니다. 국내에서도 여러 곳에서 많이 재배하고 있죠. 소재보다는 식용 채소 이름으로 많이 알려져 있어요.

꽃다발에 한두 줄 넣어주면 느낌이 확 달라지고 멋있어 보입니다.

5월달 시즌에도 미리오와 함께 양대 산맥을 이룰 정도로 판매량이 대단한 소재이지만 비시즌에는 자주 안 들어와서 예약하기 전까지는 쉽게 구매할 수 있는 소재는 아닙니다. 제주에서 잘 올라오지 않을 땐 수입 아스파라거스를 판매합니다. 겨울에는 아스파라거스에 펄스프레이를 뿌려서 많이 사용해요.

#진잔한_라인이_살이있어요
#스프렌게리(스프링게리)랑_비슷한_느낌이에요

when to buy: four seasons

유채

ANOTHER
씨드

황정
Polydonati rhizoma

황정
DO NOT DRY

황정을 만져보시면 어떤 소재와 대게 느낌이 비슷한데 하실 거예요. 바로 유니폴라! 유니폴라의 느낌과 비슷하지요.
줄기도 그렇고 잎의 크기나 생김새가 유니폴라의 잎과 많이 유사합니다.
유니폴라는 잎이 엄청 드문드문 있어서 양이 적다면, 황정은 유니폴라 느낌의 잎이 엄청 다닥다닥 양이 많고, 사이사이 하얀색 꽃들이 여러 개 고개 숙여 달려있어요. 은방울꽃과 비슷하지만 은방울꽃보다 더 길쭉해요.
그런데 이 황정의 뿌리를 건조해서 약재로 사용해보았는데 몸을 보양시키기에 더할 나위 없이 좋은 약재였다고 해요. 처음 황정의 이름은 황계였는데 너무 약재의 느낌이 없다고 해서 황정으로 이름을 바꿨다고 하네요.

#그러고보니_왜_녹차는_없지

when to buy: summer

정금나무
Vaccinium oldhamii

ANOTHER
종가리나무, 조가리나무, 지포나무

정금나무
OLDHAM'S BLUEBERRY / DO NOT DRY

종가리나무라고 불리는 정금나무는 길거리에 흔히 볼 수 있는 나무는 아니고 주로 산속에 많은 나무예요. 5월쯤 되면 소재집에 등장하는 정금나무는 벌써부터 물들어서 들어옵니다. 5월이면 파릇파릇할 소재 진열대에 혼자 붉은 잎을 가지고 있으니 눈에 띌 수밖에요. 잎 모양도 딱 떨어지는 느낌이 아니다 보니 여기저기 어레인지 해도 다 잘 어울리기에 인기가 엄청 좋은 소재입니다.
가을이 되면 열매도 달리기 시작하는데 식용 가능한 열매라고 해요. 신맛이 강한 열매여서 입맛을 돋워주는데 최고라고 하는데 아직 먹어보지는 못했습니다.

#정금나무는_제가_좋아해요

when to buy: early summer

청사철
Euonymus japonicus

ANOTHER
사철나무

93

청사철
EVERGREEN SPINDLE / DO NOT DRY

영명에서 보셔도 느낌 팍 오시죠? 'Evergreen' 사철 내내 변하지 않고 초록색 잎이라 사철나무 또는 청사철 또는 겨우살이나무라고 합니다. 그래서 사철 내내 인기가 꾸준히 있는 소재입니다.

소재집에서 가격도 저렴해 가장 인기 있는 소재입니다. 원래는 바닷가 산기슭의 반 그늘진 곳이나 인가 근처에서 자란다고 하지만 사실상 주변에서 많이 찾아볼 수 있습니다.

제 와이프가 저랑 결혼하고 갑자기 돈을 더 벌어야겠다며, 자유를 포기하고 작업실을 정리한 후 지금은 다시 꽃집으로 돌아갔는데 예전 작업실 대문 앞에 사철나무 한 그루가 있었어요. 정말 성장이 남달랐어요. 제가 하루가 멀다 하고 나무를 다듬었던 기억이 있습니다.

그렇게 가지치기를 해주지 않으면 문을 가려서 출입이 불가했거든요.

그 추운 겨울날에 눈이 쌓여도 끄떡없는 나무입니다. 그리고 늦여름이 되면 아주 작은 주황색 열매가 달립니다. 근데 청사철 좀 잘라서 쓰지 왜 안 쓰는지 몰라요? 남들은 돈 주고 사서도 쓰는데 말이죠. 하하

#내가_벌어오는게_성에_안차니
#결국_버는만큼_더_쓰는거같데
#사시사철_열심히_벌거라
#우리집의_사철나무_김여보

when to buy: four seasons

병꽃나무
Weigela subsessilis

병꽃나무
WEIGELA / DO NOT DRY

#병솔나무와는_다른_아이에요

꽃 모양이 마치 긴 병을 거꾸로 놓은 모습이랑 닮아서 병꽃나무라고 이름이 붙여졌다고 합니다.
4월 말 정도가 되면 꽃이 피기 시작해요. 병꽃나무는 우리나라에서만 자라는 우리나라 특산종이에요.
산기슭이나 산골짜기, 개울가 근처에서 자라고, 그래서 그런지 조금만 건조하면 급격히 말라버리는 성질을 가지고 있습니다. 습도에도 조금 예민한 소재이니 관리하실 때 유의하셔야 해요.
병꽃나무의 꽃 색깔이 조금 특이한데 처음 꽃봉오리가 올라올 때에는 연한 노란색인데 점점 꽃이 필수록 붉은 꽃으로 바뀌어요. 꽃이 피기 전 노란 꽃봉오리가 가득할 때 숲에서의 모습은 정말 청초하고 예쁩니다.
시장에 들어올 때는 대부분 꽃이 핀 후에 들어오기 때문에 병꽃나무는 원래 붉은 꽃이라고 알고 계시는 분들이 많습니다. 처음부터 붉은 꽃 몽우리인 병꽃나무도 있는데, 붉은병꽃나무라고 부릅니다.

when to buy: a brief late spring

퍼플콤펙타
Cordyline fruticosa

퍼플콤펙타
PURPLE COMPACTA / DO NOT DRY

#흉죽하고_많이_닮았죠
#사간지_3주후에_오신손님이_아직도_싱싱하다고

꽃집에서는 관엽 화분으로 많이 나가는 식물이라, 소재집에서 만나면 반가우셨을 테지만 저는 처음 퍼플콤펙타 진열된 것을 보고 물미역 널어놓은 줄로 생각했어요.

매우 얇은 목대에 엄청 큰 얼굴을 가지고 있어요. 목대에는 가로무늬가 가품에 땅 갈라지는 느낌으로 되어 있고, 윗부분은 잎들이 풍성하게 메롱 메롱 하고 있습니다.

그중에서도 퍼플콤펙타는 잎이 그린 색이 아니라 보라색이에요. 이름에서 이미 표가 나서 비교적 쉽게 이름이 기억되는 소재지요.

원산지는 열대 아프리카여서 더위에 매우 강하고 생명력이 좋은 소재입니다.

when to buy: autumn ~ spring

명자란
Polygonatum odoratum

명자란
LESSER SOLOMON'S SEAL / DO NOT DRY

명자란이라고 불리는 소재의 정확한 이름은 '둥굴레 잎' 입니다. 백합과에 속하며 노란 줄무늬 덕분에 좀 덜 지루한 느낌을 줘요. 꽃도 피는데 예쁩니다.
그래도 요즘 젊은 손님들은 잘 쳐다봐주지 않는 소재이지요.
와이프한테 말했더니 '둥굴레차 맛있지" 같은 말만 하네요.
디자인의 유행은 돌고 도니 다시 명자란의 전성시대가 오리라 믿어봅니다.

#편식하지_말아요
#잘_안보이신다면
#둥굴레모자쓰고기다릴게요

when to buy: may ~ july

레나인센스

ANOTHER
르네상스

97

레나인센스
RENAISSANCE / DO NOT DRY

레나인센스는 아비스고사리와 엄청 닮았죠? 같은 소재예요. 아비스가 컬 파마했다고 생각하시면 됩니다. 그리고 좀 더 컬러가 짙고 중후한 멋이 있어요.
실내 공기 정화 능력이 뛰어나고 습도조절도 해주는 소재입니다. 그래서 굳이 꽃과의 어레인지보다는 사실 레나인센스 자체만으로도 너무 기능성이 좋아요. 새집증후군이나 아토피에도 효과가 좋다고 알려져 있습니다. 분화류 판매를 직접 하시는 플로리스트 분들은 잘 아시지요?
새 잎이 나올 때는 가운데부터 돌돌 말린 잎이 펴지면서 길쭉하게 나옵니다.

#르네상스라고_쓰고
#레나인센스라고_읽는다
#아비스의_부활이다_이건가

when to buy: sometimes

시스타펀
Gleichenia dicarpa

시스타펀
GLEICHENIA SEASTAR / DRY

#펀_중에서_가장_인기많은_놈

코랄펀 또는 엄브렐라펀하고 많이들 헷갈려 하시는 소재입니다. 그러나 자세히 보면 완전히 다른 씨스타펀입니다. 시스타펀은 입이 제일 얇고 자글자글한 맛이 있어요.

호주에서 수입되는 소재입니다. 사진만 보면 하늘하늘한 것 같지만 의외로 하드한 경향이 있습니다.

드라이해도 형태 변화가 없고 코랄펀처럼 빠르게 검은색으로 변하지도 않습니다.

10대 한 단으로 구성되어 있는 것이 일반적이고 노무라와 닮았지만, 노무라보다 좀 더 멋스러워 보입니다. 동료들 중에서는 엄브렐라펀과 제일 닮아있는데 엄브렐라펀이 마른 느낌이랄까요? 잎 하나하나가 훨씬 더 자글자글하고 더 색깔이 연합니다. 한 가닥 피날레로 넣어주면 그렇게 멋스럽더라고요.

when to buy: four seasons

엄브렐라펀
Sticherus flabellatus

엄브렐라펀
GLEICHENIA UMBRELLA / DO NOT DRY

형태가 마치 우산처럼 생겨서 이렇게 이름이 붙여진 것 같아요. 호주 사람들은 동물이나 물건에 빗대는 걸 참 좋아하나 봅니다.
씨스타펀이나 네프로네피스하고 많이 헷갈려 하시는데요. 자세히 살펴보면 많이 다릅니다.
씨스타펀과는 달리 드라이하면 끝부분부터 노랗게 타버려서 형태 유지가 힘든 것으로 판단해서 드라이는 안되는 걸로 구분해 보았지만, 혹시나 드라이가 잘 되신 분 계실까요?
대신 촉촉한 느낌이 일품이고 부들부들 연 그린 톤의 컬러가 최고라는 이 녀석도 역시 관엽 진열대에 숨어있으니 잘 찾아보세요.

#자글자글하지않은_씨스타펀_느낌

when to buy: four seasons

코알라펀

100

코알라펀
KOALA FERN / DO NOT DRY

끝 글자가 '펀' 이니 고사리겠지요? 그런데, 평소에 보던 고사리처럼 생기진 않고 퍼트리면 하늘하늘하니 페니쿰 처럼 생겼어요.
수명도 꽤 괜찮은 편이고요.
코알라펀도 당연히 호주에서 오는 소재입니다. 수입품이라 가격은 좀 높은 편이지만 여러 대가 한 단이라 가성비는 좋습니다.

#코알라를_닮지도_않았구요
#다른_펀_친구들도_안닮음
#그냥_외워라_한마디_전해드리며

when to buy: sometimes

STORY 05

산딸나무
Cornus kousa

101

산딸나무
KOREAN DOGWOOD, CORNUS KOUSA / DO NOT DRY

산딸나무는 와이프가 좋아하는 소재 중 하나예요. 아이보리색의 뽀얀 꽃잎이 참 매력적인 소재이지요. 산딸나무의 꽃잎은 넉 장으로 십자가 모양인데 예수님께서 십자가에 못 박혀 돌아가실 때 이 나무로 십자가를 만들었다고 해요. 넉 장의 꽃잎이 십자가를 닮아서 크리스찬들은 성스러운 나무로 여겼었다고 합니다.
가을에 새빨간 딸기 모양의 열매도 달리는데 시장에 들어오지는 않아요.
산딸나무라고 이름 지은 것도 산딸기 모양의 열매 때문인데 정작 볼 수 없다고 하니 조금 아쉽지만 길거리에 산딸나무가 생각보다 많이 심어져 있으니 꽃 지고 난 후에 한번 유심히 찾아보세요. 맛도 달콤새콤 해서 새님들이 즐겨 드신다고 하네요.

#이름이_어려우시다면
#산딸기나무에서_한글자_빼서_외우세요

when to buy: late summer ~ autumn

목화
Gossypium hirsutum

목화
COTTON / DO NOT DRY

목화는 도깨비 꽃다발로 유명하지요. 그렇지만 그전부터 목화는 인기쟁이었어요.
2~3년 전에 목화 대란이 일어났던 적이 있었답니다. 그때 정말 목화 끌어모으느라 거의 문익점 씨에게 전화 걸 뻔했어요. 살아계셨다면 정말 수천억 버셨을 듯해요. 덕분에 우리가 겨울에 따뜻한 옷과 이불 덮고 심지어 지금은 목화 가지만으로도 이렇게 인기가 있으니 말이에요.
시장에서도 가게마다 목화 가격이 조금씩 달라서 싼 곳 찾느라 수고 많이 하시는데요 나뭇가지에 달린 목화 개수에 따라서 가격 차이가 조금씩 있습니다. 참고하세요. 국산과 이스라엘산은 당연히 가격 차이가 나지만 겨울철 목화는 어지간하면 가격이 비슷합니다.
국산 목화는 가지가 엄청 산만하고 솜도 어지러운 반면, 이스라엘산은 가지가 곧고 솜도 매우 정돈되어있는 느낌이에요. 내추럴한 느낌으로 사용하신다면 국산 목화를 사용해 보세요.

#목콰새퀴_겨울마다_똥줄타게하지마

when to buy: winter

신지매
Sorbaria sorbifolia

ANOTHER
쉬땅나무, 개쉬땅나무

신지매
FALSE SPIRAEA / DO NOT DRY

쉬땅나무는 여러분들이 신지매라고 알고 계신 식물입니다. 꽃은 봄이 지나 초여름에 피기 시작하고, 관상용으로 많이 식재하는데 도로변이나 공원에서 자주 볼 수 있고 울타리용으로 많이 심습니다.
이른 봄에 돋아난 새순을 식용하기도 하고 꽃은 구충이나 치풍 등에 약용한다고 합니다.
그건 그렇고 쉬땅나무가 왜 신지매로 불리는지 잘 모르겠어요. 약용으로 사용할 때는 진주매라고 불린다는데 진주매와 쉬땅나무의 발음이 섞여서 신지매가 된 건지... 쉬땅나무는 개쉬땅나무 또는 밥쉬나무라고도 부르는데요 기분 나쁠 때 개쉬밥나무 또는 개밥나무라고 튀어나오지 않게 발음 주의하시고요.
쉬땅나무 주세요~~ 하는 분 계신지 시즌 되면 유심히 지켜보겠습니다.

#몸무게가_120키로됐어요
#이런_개쉬땅나무

when to buy: early summer

페이조아
Acca sellowiana

ANOTHER
파인애플 구아바

페이조아
PINEAPPLE GUAVA / DO NOT DRY

본디 원산지는 브라질 콜롬비아 같은 아열대 지방 과일이에요. 국내에 수입될 때는 씨앗이 들어올 수 없어서 잎 소재로 들어왔는데요. 한반도 기후변화 때문에 제주에서 재배가 가능하고 합니다. 영하 10도 정도까지 버틸 수 있어서 가능한 것 같아요.
사진 속 페이조아는 국내에서 재배된 소재이고 양이 적어서 오랫동안 나오기는 힘들 것 같은데 금세 수입 페이조아가 들어오겠지요.
물올림이 좋아서 오랫동안 볼 수 있지만 오래되면 잎이 떨어지는 단점이 있어요. 그래서 드라이는 안되는 식물입니다. 열매는 달콤하다는데 먹어 본 적이 없고, 꽃은 붉은색이라는데 역시 본 적은 없어요. 포털사이트에는 사진이 있을 수도 있으니 궁금하신 분들은 검색을 해보세요.
페이조아는 앞뒷면 잎의 느낌이 달라서 특이합니다. 앞면은 좀 짙은 그린이고 뒷면은 램스이어 처럼 은빛의 매트한 느낌이라 고급스러운 느낌의 소재입니다.

#첫_수입때_인기폭발
#이제_국산도_나옵니다
#정말_물올림은_킹오브킹
#페이조아_아이조아

when to buy: four seasons

산수국
Hydrangea serrata

산수국
MOUNTAIN HYDRANGEA / DO NOT DRY

산수국은 수국과 비슷하게 생겼어요. 일반적으로 산에서 자라서 산수국이라 부르나 봐요. 바깥쪽에 피어있는 꽃들은 사실 속임수예요. 안쪽에 몽글몽글한 애들이 암술과 수술이에요. 생긴 게 저처럼 못생겨서 가짜 꽃으로 벌과 나비를 유혹한다고 합니다.
산수국은 약용으로 사용하기도 하는데요, 고열 기침 당뇨 말라리아에 효과가 있다고 합니다. 줄아이비 만큼 반가운 소식은 아니네요.
수국만큼 물이 빨리 내리지는 않지만 그래도 수명이 긴 편은 아니에요. 냉장보관 시 1-2주 일반적으로 3-5일 정도 볼 수 있습니다.

#수국의_장점은_탐스러움이죠
#예쁜애들이_원래_까다롭잖아요
#얼굴에_스프레이_많이_해주세요

when to buy: summer

나비수국

106

나비수국
BUTTERFLY BUSH / DO NOT DRY

나비수국이 왜 나비수국일까요? 수국은 종류가 생각보다 엄마 무시하게 많아요. 그중에서도 인기 좋은 나비수국은 꽃잎 모양이 나비가 앉은 듯하다 해서 나비수국이라고 이름이 붙여졌습니다.
생각하시는 수국처럼 꽃잎이 가득한 큰 얼굴의 수국이 아니라 아주 작은 나비 모양의 꽃이 한두 잎 달려있어요.

#정말_나비를_닮았어요
#수국치고_물올림이_좋아요

when to buy: late summer

밀
Triticum aestivum

밀
WHEAT / DRY

when to buy: four seasons

조
Setaria italica

108

조
ITALIAN MMILLET / DO NOT DRY

영문명으로 'Barn grass' 또는 'Chinese corn'이라고 하는데, 아마도 장담하건대 여러분들께서는 시장에 들어오는 조의 모습보다 추수하기 전의 모습을 더 예쁘다고 하실 거예요.
꽉 차게 영글은 조가 바닥으로 주렁주렁 떨어지는 모습이 굉장히 내추럴하거든요.
전 시골 소년이라 이런 논밭의 풍경들을 많이 보고 자랐어요. 그래서 처음 꽃 시장에 와서 좀 신기하기도 하고 의아해했었더랬죠. 어릴 때 발에 치이던 식물들이 시장에서는 팔린다는 것이요. 이제 저도 도시 남자 다 됐나 봅니다. 가끔 시골에 내려가 자연에 가득한 소재들을 보면 이게 다 얼마야 싶으니까요.

#조는_꽃다발에넣으면_예쁘더라고요
#도시남자의_취향_되시겠습니다

when to buy: late spring ~ autumn

부들
Typha orientalis

부들
ORIENTAL CATTAIL / DO NOT DRY

너무 조화처럼 생긴 이 소재는 절대 조화 아니고 생화 소재입니다. 생긴 것과 다르게 연못 가장 자리와 습지에서 자랍니다.
물에서 살지만 뿌리만 진흙에 박고 있을 뿐 잎과 꽃줄기는 물 밖으로 드러나 있어요.
부들이라는 이름은 잎이 부드럽기 때문에 부들부들하다는 뜻에서 붙여진 이름이라고 하네요.

#오늘도_부들부들
#와이프_잔소리에_부들부들
#이러다_살쳐지겠어

when to buy: summer ~ autumn

수국열매

110

수국열매
HYDRANGEA FRUIT / DO NOT DRY

수국열매가 뭐지? 하시는 분들도 많더라고요. 수국열매랑 가장 비슷한 소재는 마가목? 정도입니다.
마가목 열매와 닮은 수국열매는 손바닥처럼 넓게 열립니다. 마가목 열매보다는 좀 더 라인이 살아있고 덜 빳빳해요.
초여름에 잠깐만 만날 수 있는 열매 소재입니다.

#너무_흔들지미세요
#후두두두_떨어져서_치우느라죽겠어요

when to buy: early summer

흰전동싸리
Melilotus officinalis

흰전동싸리
BUKHARA CLOVER / DO NOT DRY

애는 이름이 멜리로터스알바. 나는 그냥 김알바.
나무는 아니지만 싸리라고 해요. 싸리를 닮아서 싸리
라고 하지요. (원래 싸리는 나무예요)
전동싸리의 전동은 온 동네라는 뜻이예요. 온 동네 없
는 곳이 없어 서지요. 정말 어디서나 한번 볼 법한 잡
초 같은 풀이예요. 시골 가면 발로 치이는 정도이니 시
골 가시면 뜯어다 쓰세요.
색깔은 노랑도 있고 흰색도 있는데 흰색이라 흰전동
싸리라고 합니다. 개인적으로 흰색이 훨씬 예쁘다고
생각해요. 물도 잘 빨지만 꽃이 후두두두두두두 떨어
지는 게 단점이에요.
노란 꽃이 전등처럼 보인다고 해서 전등싸리라고 불
리다가 전동싸리로 이름이 변형되었다고 해요.

#한단에_양이_좀_작아요
#원래_그래요
#화내지말아요

when to buy: summer

위성류
Tamarix chinensis

위성류
CHINESE TAMARISK / DRY

혜성처럼 다가온 위성류. 다들 반해버렸죠? 키 큰 대형 아스틸베라고 할 수 있습니다. 아스틸베보다 나은 점은 드라이했을 때 더 이쁘다는 점.
아스틸베는 좀 까매지고 꽃 위가 구부러지며 마르지만 위성류는 그냥 마릅니다. 만져봐야 드라이 되었다는 걸 알게 되죠. 그래서 리스로 만들면 무지 예쁠듯 합니다. 이걸 제가 아는 이유는 제 와이프가 이걸 나오자마자 귀찮아서 말려 버렸기 때문이죠. 하지만 원래 어마 무시한 생명력입니다. 아스틸베보다 오래갑니다.
그동안 소재집에서 나오지 않던 소재라 불티나게 팔리는 중입니다. 다음 주에는 없을지도 몰라요. 나오는 기간이 매우 짧습니다.
이름 꼭 기억하셨다가 내년에 멋들어지게 불러보세요. 꽃말은 생김새와는 다르게 득남, 범죄라네요.

#위성류를_처음_시장에_들여온건
#호남소재에요
#진짜로_잊지마요

when to buy: late summer

가막살나무
Viburnum dilatatum

가막살나무
LINDEN VIBURNUM / DO NOT DRY

가막살나무는 모르시는 분들이 더 많으실 거라 생각합니다. 저도 매년 볼 때마다 이름을 다시 생각해야 할 정도니까요. 그 이유는 아주 잠깐 동안만 판매되기 때문에 시장에 자주 나오지 않는 분이라면 시장에 이런 소재가 판매되는지도 모르고 지나가기 때문입니다.
시장에 들어올 때의 가막살 나무 모습은 까만 열매가 달려있는데, 그렇다고 원래 열매 색이 까만 건 아니고, 영롱한 빨간색이랍니다.
애정목과 비슷한 크기의 까만 열매지만 애정목보다 훨씬 더 진한 까만색입니다. 잎도 깨순같이 야들야들하고 싱그러운 느낌이라 어디든 잘 어울립니다.
6월에는 하얀 꽃도 피는데 제주도에 놀러 가시면 한번 찾아보세요. 꽃말이 인상적인 이 나무는 주로 숲 언저리에서 산다고 합니다.

#꽃말은_바로
#사랑은_죽음보다_강하다

when to buy: late summer

화초고추
Capsicum annuum

ANOTHER
노랑고추, 블랙고추, 꽃고추, 하늘고추

화초고추
PEPPER / DO NOT DRY

정확한 이름은 하늘고추입니다. 시장에서는 컬러에 따라 노랑고추 또는 블랙고추라고 하는데 신기하게도 플로리스트인 와이프가 그렇게 안 부른다고, 일반적으로 꽃고추라고 부른다네요.
꽃집과 소재집에서 서로 부르는 이름이 다른 소재들이 생각보다 많을 수도 있겠다는 생각을 해보게 됩니다. 이름과 다르게 동글동글 귀여운 모양이지만 열매 안은 고추처럼 맵다고 해요. 궁금해서 반으로 잘라 만지다가 얼굴을 만졌더니 굉장히 피부가 화끈화끈 매웠다고 합니다.

#동글동글_열매가_매력인_아이
#조심하세요
#꽃바구니에_양보하세요
#외모에_속지_말아요

when to buy: autumn

다정큼
Raphiolepis indica

ANOTHER
다정금, 둥근잎다정큼

다정큼
YEDDO-HAWTHORN / DRY

시장에서 부르는 다정금의 정확한 이름은 다정큼입니다. 너무 안 어울리지만 다정금은 장미과랍니다. 그래서인지 다정금의 꽃은 매우 예쁜데, 시장에는 가을에 열매가 까맣게 익은 상태로 들어와 꽃 핀 모습의 다정금이 상상 안되긴 하죠. 궁금하신 분들은 인터넷을 통해 한번 찾아보세요.
까만 열매가 달리는 것과 다르게 꽃은 하얀색인데, 가을에 애정목과 함께 잘 나가는 열매 소재 중 하나입니다. 그리고 애정목에 비해 다정금의 줄기는 단단하고 잎도 빳빳한 편이니 디자인에 적용하실 때 참고하시면 도움이 되겠죠?

#우리가_다시_이름을_돌려놔_볼까요?
#다정큼주세요
#이렇게_말이에요

when to buy: autumn ~ winter

생강초
Euphorbia marginata

ANOTHER
설악초, 유프로비아

생강초
SNOW ON THE MOUNTAIN, GHOST WEED / DO NOT DRY

이름이 구수해 우리나라 토종 소재일 거라고 생각하지만 이 아이의 고향은 미국이랍니다. 관상용으로 식재하거나 소재로 사용하기 위해 들여왔다고 하는데, 잎은 가장자리가 하얀색이라서 멀리서 보면 잎 소재가 아닌 꽃으로 착각하기도 합니다.
산에 눈이 내린 것처럼 하얗다고 해서 상징적으로 적당한 설악산의 이름을 따 설악초라는 이름이 붙었다고 합니다. 그래서 영명으로는 'snow on the mountain'이라고 해요. 하지만 제일 정확한 이름은 'Euphorbia marginata pursh'입니다.
학명으로 꽃과 소재를 익히면 좋은 게 이름만 봐도 특성을 알 수 있답니다. 예를 들어 '유프로비아'들은 잎을 떼는 순간 하얀 진액이 나오는데, 생강초도 그러므로 예외가 아닙니다.
생강초의 하얀 진액은 독성이 있어 사람에 따라 알레르기 반응이 나타나기도 하니 직접적으로 손대지 마시고 휴지로 닦거나 물에 흘려 닦아내고 사용하시는 게 좋습니다. 쉽게 물이 내리기 때문에 장거리 이동해야 하는 어레인지에는 무조건 피하심을 권장합니다. 여름 소재이며 소재집의 주 아이템은 아니지만 시즌 때 같이 판매 합니다. 소재집에 들어오는 시즌에는 꽃집에서 파는 생강초보다 훨씬 크고 튼튼합니다.
소재인데 왜 꽃집에서 주로 팔까요?
꽃처럼 보여서 그럴까요?

#그래서_사실_잘_몰랐어요
#우리_와이프가_다알려줬어요
#학명도_아는여자
#내마음부터_좀_알아줬으면

when to buy: summer

황칠
Dendropanax morbifera

117

황칠
IVY TREE / DO NOT DRY

제주에 가면 흔하게 볼 수 있는 소재입니다. 황칠이라는 이름이 붙여진 이유는 목공예품을 만들 때 색을 칠하거나 표면을 가공할 때 사용되어서라고 해요.
잎이 넓고 초록색이고 열매도 달려서 들어오기 때문에 공간을 채우는 소재로 사용하시면 좋답니다.
보통 아치 작업할 때 사용하면 편하다고 합니다. 서귀목과 비슷한 느낌이지만 서귀목의 잎보다는 훨씬 크고 잎의 모양이 살짝 굴곡이 있어서 단조롭지만은 않은 소재랍니다.
흐느적거리는 느낌이나 마디에서 나오는 잎의 구조를 봤을 때 굴거리나무나 금식나무랑 더 비슷하다는 생각을 해봅니다.

#드라이_전혀되지_않아요
#잎이_축축처지고_까매집니다

when to buy: summer ~ autumn

홍죽
Cordyline terminalis 'Rededge'

ANOTHER
코르딜리네 레드탑. Titree

홍죽
RED EDGE / DO NOT DRY

한국에서는 홍죽이라고 부르는 소재. 붉은빛이니 홍죽이겠죠? 크리스탈의 레드 버전입니다.
물에 꽂아두시면 엄청 오래가고 딱 봐도 느껴지지만 드라이는 불가능합니다.
가지를 톡 끊어서 엽란 대용으로 사용하시기도 좋으며 소재집에서는 사계절 내내 꾸준히 사랑받는 효자 상품입니다.

#대나무는_아니에요

when to buy: four seasons

크리스탈
Cordyline terminalis cv. 'Crystal'

ANOTHER
코르딜리네 크리스탈

크리스탈
CRYSTAL / DO NOT DRY

관엽식물이며 관엽식물 중에서도 열대관엽 식물입니다. 잎의 색이 매우 고급스럽고, 아이보리와 그린색의 그라데이션에 간혹 붉은 줄이 들어간 잎도 있습니다. 나무의 모습으로 보면 나뭇가지의 라인이 너무 예뻐 크리스탈인줄 모르는 분들도 많은데 큰 나무의 모습이 궁금하신 분들은 절엽을 사서 물꽂이를 해두세요. 곱슬처럼 금세 뿌리가 내리기 때문에 그 후에는 흙에 옮겨 심어서 키우시면 된답니다.

#당신곁에_있겠습니다
#꽃말입니다
#그렇다면_저도_뿌리한번내려서_선물해야겠네요

when to buy: four seasons

탑사철
Euonymus japonica

ANOTHER
미크로필루스, 작은잎사철

120

탑사철
DO NOT DRY

정확한 이름은 미크로필루스. 사철나무 중 하나이고, 문화재의 탑이랑 비슷한 모양새를 하고 있어서 시장 용어로 탑사철이 된 것 아닌가 조심스럽게 추측해 봅니다. 일반 사철나무보다는 잎이 작아서 '작은잎사철'이라고 부르기도 해요.

사철나무는 사계절 푸르르기 때문에 사철나무라고 하는 거 아시죠? 그러므로 시장에도 사계절 내내 들어옵니다. 탑사철은 사철나무들 중에서 제일 물내림에 민감하기 때문에 물에 잘 꼽아두셔야 장기간 보관 가능합니다.

멀리서 보면 '파라노머스'랑 닮았지만 만져보면 전혀 다른 느낌이며, 잎 앞면은 광택이 나고 좁고 길답니다.

#손님_연령층이_확_나뉘는_소재에요
#꽃말이_지혜래요
#우리집에도_지혜가_있죠

when to buy: four seasons 새순 돋는 초여름과 한겨울 제외

모감주
Koelreuteria paniculata

ANOTHER
모감주나무

모감주
GOLDENRAIN TREE / DRY

가을에 잘 맞는 소재가 등장했어요. 꽈리처럼 생겼는데 아주 오색빛깔로 단풍이 들면 오는 손님들 모두에게 예쁨을 한껏 받은 소재입니다.
옅은 녹색이었다가 점차 열매가 익으면서 짙은 황색, 붉은색, 오렌지색 등으로 변해갑니다.
우리가 예쁘게 보는 부분이 열매인데 비어있는 느낌이라 열매가 안에 따로 있을 거 같지만 열매집이 아닌 열매랍니다. 열매가 완전하게 익어갈 무렵 세 개로 갈라져서 검은 씨앗이 터져 나오는 것을 볼 수 있습니다. 물올림이 좋은 편은 아니고 쉽게 잘 드라이가 되는 편이니 예쁘다고 욕심내지 마시고 자주 사서 쓰심을 추천드립니다.

#단풍놀이는_시장에서
#생긴게_살짝포테토칩_같아
#드라이되긴하는데_잘부서져요

when to buy: autumn

INDEX

ㄱ
가는 잎 조팝나무_31
가랑잎나무_82
가마귀쪽나무_20
가마살나무_113
가막살나무_22
가지해송_53
갈대_88
개나리_69
개동굴나무_93
개쉬땅나무_103
겨우사리나무_93
곡피_73
곰반송_53
곰솔_53
곱슬버들_71
공조팝나무_30
광나무_78
구름비_20
구실잣밤나무_14
국산 피토스포룸_8
그레빌리아 로버스티_17
그레빌리아 아스프넨폴리아_19
그레빌리아 아이반호_16
그레빌리아 이반호프_16
그레빌리아 후커리아나_18
그린호_85
까마귀쪽나무_20
꽃고추_114
꽃댕강나무_76

ㄴ
나나골드_21

ㄷ
나비수국_106
낙엽송_56
남정목_75
남천_2
노디플로라_4
노랑고추_114
노랑말채_63
노송나무_21
뉴카덴드로_09
능수버들_59

ㄷ
다래나무_65
다래덩굴_65
다정금_115
다정큼_115
댕강나무_76
더글라스_68
돈나무_11
동백나무_51
들쭉나무_93
등대나무_25
등심초_80
디지고테카_15
떡갈나무_82

ㄹ
레나인센스_97
레드베리_23
레드훅_85
레몬잎_49
레몬트리_22
레이스플라워_10

ㅁ
마취목_28
만리향_11
말발도리_79
말채_63
맥문아재비_33
멸대_89
명자란_96
모감주_121
모감주나무_121
목련_58
목련나무_58
목화_102
몬스테라_26
미모사 투르네르_5
미모사 플로리반다_6
미선나무_76
미송_68
미크로필루스_120
밀_107
밍크버들_13

ㅂ
방울빗자루_89
볏짚두름_89
병꽃나무_94
부들_109
분꽃나무_22
붉은말채_63

ㄹ
로버스터_17
루스쿠스 아쿨레아투스_54
르네상스_97

ㅁ
붓꽃나무_22
브로니아 노디플로라_4
브로니아 알비플로라_38
블랙고추_114
비목나무_25
비브리움_22
뽕나무_60

ㅅ
사류_3
사철나무_93
산동백_47
산딸나무_101
산수국_105
산수유_48
산호수_87
살라스_49
상록담쟁이_70
새뽕나무_60
생강나무_47
생강초_116
서귀목_64
석이나무_64
석이목_64
석화버들_62
설악초_116
설유화_31
섬담쟁이_50
소귀나무_64
소리쟁이_74
송악_50
수국열매_110
수류_3

수양버들_3
쉬땅나무_103
스마일락스 아스파라거스_66
스마일락스_66
스키미아_37
스프레이 브루니아_4
시스타펀_98
신종 루스커스_54
신종 셀렘_29
신지매_103
실아카시아_24
씨드 유칼립투스_36
씨드_90

ㅇ
아라리아_15
아랄리아_15
아미_10
아스파라거스_89
아이반호_16
알비플로라_38
애정목_78
엄브렐라펀_99
에뮤패더_83
여송_52
여정목_78
열대_89
열매유칼리_36
엽란_55
오듸나무_60
오리나무_12
오리목_12
오리새_81

옥잠화_77
올리브_39
왁스플라워_1
왕버들_13
왕솔_53
용버들_71
위성류_112
유사_86
유채_90
유카덴드륨_09
유칼립투스 구니_43
유칼립투스 니콜_46
유칼립투스 다이브즈_35
유칼립투스 도미니끼나_42
유칼립투스 블랙잭_44
유칼립투스 시네리아_45
유칼립투스 파블로_41
유프로비아_116
육송_52
은엽아카시아_24
이반호_16
이반호프_16
이탈리안 루스커스_54
일본잎 갈나무_56
잎설유_32

ㅈ
작은잎사철_120
재밥나무_14
잭_44
적송_52
정금나무_92
정태수_25

제니스타_67
제니스트라_67
제주블랙잭_44
조_108
조선소나무_52
조팝나무_30
종가리나무_92
줄헤드라_70
줄호엽란_33
쥐똥나무_75
지니스트라_67
진달래_84

ㅊ
참빗살나무_61
참수양버들_3
참조팝나무_30
천리향_11
철쭉_84
청사철_93
측백 편백_21

ㅋ/ㅌ
코르딜리네 레드탑_118
코르딜리네 크리스탈_119
코알라펀_100
코치아_40
크리스탈_119
크립토메리아_57
탑사철_120

ㅍ
팔손이_27

퍼플콤펙타_95
페니쿰_34
페이조아_104
편백_21
편백나무_21
피어리스_28
피토스 테누이폴리움_7
피토스포룸_7
필로덴드론 자나두(제나두)_29

ㅎ
하늘고추_114
해송_53
호랑버들_13
호엽란_33
홍가시_72
홍죽_118
화살나무_61
화이트벨_79
화초고추_114
황정_91
황칠_117
훗잎나무_61
흑송_53
흰동전싸리_111
흰말채나무_63